世界五千年
科技故事丛书

卢嘉锡题

世界五千年科技故事丛书

在沙漠上结出的果实

法布尔的故事

丛书主编　管成学　赵骥民

编著　张雨海

吉林出版集团｜吉林科学技术出版社

图书在版编目（CIP）数据

在沙漠上结出的果实：法布尔的故事 ／ 管成学，赵骥民主编.
-- 长春：吉林科学技术出版社，2012.10（2022.1重印）
ISBN 978-7-5384-6104-6

Ⅰ.① 在… Ⅱ.① 管… ② 赵… Ⅲ.① 法布尔，J.H.（1823～1915）
－生平事迹－通俗读物 Ⅳ.① K835.656.15-49

中国版本图书馆CIP数据核字（2012）第156250号

在沙漠上结出的果实：法布尔的故事

主　　编	管成学　赵骥民	
出 版 人	宛　霞	
选题策划	张瑛琳	
责任编辑	万田继	
封面设计	新华智品	
制　　版	长春美印图文设计有限公司	
开　　本	640mm×960mm　1／16	
字　　数	100千字	
印　　张	7.5	
版　　次	2012年10月第1版	
印　　次	2022年1月第5次印刷	

出　　版	吉林出版集团
	吉林科学技术出版社
发　　行	吉林科学技术出版社
地　　址	长春市净月区福祉大路5788号
邮　　编	130118
发行部电话／传真	0431-81629529　81629530　81629531
	81629532　81629533　81629534
储运部电话	0431-86059116
编辑部电话	0431-81629518
网　　址	www.jlstp.net
印　　刷	北京一鑫印务有限责任公司

书　　号	ISBN 978-7-5384-6104-6
定　　价	33.00元

序 言

十一届全国人大副委员长、中国科学院前院长、两院院士

放眼21世纪，科学技术将以无法想象的速度迅猛发展，知识经济将全面崛起，国际竞争与合作将出现前所未有的激烈和广泛局面。在严峻的挑战面前，中华民族靠什么屹立于世界民族之林？靠人才，靠德、智、体、能、美全面发展的一代新人。今天的中小学生届时将要肩负起民族强盛的历史使命。为此，我们的知识界、出版界都应责无旁贷地多为他们提供丰富的精神养料。现在，一套大型的向广大青少年传播世界科学技术史知识的科普读物《世

界五千年科技故事丛书》出版面世了。

由中国科学院自然科学研究所、清华大学科技史暨古文献研究所、中国中医研究院医史文献研究所和温州师范学院、吉林省科普作家协会的同志们共同撰写的这套丛书，以世界五千年科学技术史为经，以各时代杰出的科技精英的科技创新活动作纬，勾画了世界科技发展的生动图景。作者着力于科学性与可读性相结合，思想性与趣味性相结合，历史性与时代性相结合，通过故事来讲述科学发现的真实历史条件和科学工作的艰苦性。本书中介绍了科学家们独立思考、敢于怀疑、勇于创新、百折不挠、求真务实的科学精神和他们在工作生活中宝贵的协作、友爱、宽容的人文精神。使青少年读者从科学家的故事中感受科学大师们的智慧、科学的思维方法和实验方法，受到有益的思想启迪。从有关人类重大科技活动的故事中，引起对人类社会发展重大问题的密切关注，全面地理解科学，树立正确的科学观，在知识经济时代理智地对待科学、对待社会、对待人生。阅读这套丛书是对课本的很好补充，是进行素质教育的理想读物。

读史使人明智。在历史的长河中，中华民族曾经创造了灿烂的科技文明，明代以前我国的科技一直处于世界领先地位，涌现出张衡、张仲景、祖冲之、僧一行、沈括、郭守敬、李时珍、徐光启、宋应星这样一批具有世界影响的科学家，而在近现代，中国具有世界级影响的科学家并不多，与我们这个有着13亿人口的泱泱大国并不相称，与世界先进科技水平相比较，在总体上我国的科技水平还存在着较大差距。当今世界各国都把科学技术视为推动社会发展的巨大动力，把培养科技创新人才当做提高创新能力的战略方针。我国也不失时机地确立了科技兴国战略，确立了全面实施素质教育，提高全民素质，培养适应21世纪需要的创新人才的战略决策。党的十六大又提出要形成全民学习、终身学习的学习型社会，形成比较完善的科技和文化创新体系。要全面建设小康社会，加快推进社会主义现代化建设，我们需要一代具有创新精神的人才，需要更多更伟大的科学家和工程技术人才。我真诚地希望这套丛书能激发青少年爱祖国、爱科学的热情，树立起献身科技事业的信念，努力拼搏，勇攀高峰，争当新世纪的优秀科技创新人才。

目　录

昆虫世界的荷马

——大作家雨果雅称法布尔为"昆虫世界的荷马"。

1910年4月3日清晨，孩子们还在沉睡。

一棵棵松树、杨树默默地陪伴着析里尼安村那幢幢房屋和高耸的教堂，一动不动地挺立在拂晓中，像是一幅黑黝黝的剪影，贴在黎明的天幕上。

突然，隆隆的车轮声碾碎了黎明的寂静，人们从四面八方涌向析里尼安村，马铃声、鸟啼声和人们的谈笑声混在一起。

太阳急不可待地跳出了地平线。

析里尼安的乡亲们震惊了，他们纷纷走上街道。他们才知道，他们身边出了一位大人物，他，就是让·亨利·法布尔（Jean Henri Fabre，1823－1915），一位隐居在析里尼安三十多年的昆虫学家。

对于昆虫，法布尔已经研究了半个多世纪，他的名著，二百多万字的《昆虫记》，也已经在3年前出版了最后一卷。此外，他还发表过许多论文，出版过七十余本教科书与科普读物。他的论文《关于多足动物和蜈蚣的再生器官》，使他获得科学博士学位。几十年前，法兰西学院授予他荣誉级勋章，他与其他著名科学家一起，受到法皇的接见。但是，法布尔这个人，一生也没有学会趋炎附势，结交权贵，逢迎拍马；他更没有想到过用自己的科学成果和学识去钻营谋利。所以，直到此时，这位已经87岁的老人，这位向世人揭示了昆虫世界秘密的科学家，还是默默地过着贫困的生活。

学术界再也忍耐不住了，决定要为法布尔举行一次科学成就庆祝会。大家准备了好几个月，庆祝会终于就要在今天举行了。

这时，法布尔家的院子里，非常热闹。法布尔坐在椅子上，亲人和朋友们围在他身旁。析里尼安的乡亲们也都前来祝贺。在他们中间，最激动的是双目失明的木匠马里于斯·吉格。

原来，隐居在析里尼安的法布尔，为了让自己写的科学著作人人都懂，人人都爱读，就专门结交了两位对昆虫所知甚少的朋友。他们就是盲人木匠马里于斯·吉格和小学教师夏拉斯。每逢星期四和星期日的下午，这两位朋友必定要到法布尔家里来，这时，法布尔就把新写出的作品念给他们听，把最新的发现讲给他们听。

马里于斯·吉格眼睛看不见，耳朵却特灵敏。他喜欢音乐，并且还是析里尼安乐队的鼓手；他可以用长满老茧的手摸清楚东西，制作各种木器，是析里尼安一带的一个"怪才"。小学教师夏拉斯则爱好科学，精通语法和音律。法布尔经常征求他们对自己作品的意见，如果他们有什么意见，法布尔就高兴得不得了。可以说，他们两个人，是《昆虫记》最早的读者。今天，马里于斯·吉格突然知道多年来一直真诚地对待自己的平民朋友，原来是一位全法兰西甚至外国都敬重的大科学家，他怎能不激动呢？

庆祝会在镇上一家咖啡馆里举行。人们专门从奥朗治找来一辆华丽的马车，把法布尔搀扶上去，庆祝队伍吹吹打打地走上了马路。马里于斯·吉格的鼓今天敲得格外响，他把人们心头的欢乐和敬仰之情，全都通过鼓声表达出来了。庆祝会开始时，先由会议的组织者之一爱特蒙·贝利埃宣读了法国最权威也是最高科学机构——法兰西学院的颂辞；接着，又不断有人用朴素、真挚的语言称颂法布尔的光辉成就……

　　人们热情的话语有如春风，拂动着岁月的一页页诗篇。挨饿受冻的童年生活，罗纳河畔的流浪岁月，昆虫研究的艰辛历程……往事潮水般地浮现在法布尔眼前。他想起几十年前的一个早晨，他跑到一个深谷里，观察一种叫长角穴蜂的昆虫。三位去山里摘葡萄的姑娘经过他身边，对坐在石头上呆视的他瞥了一眼。当太阳下山的时候，那三位姑娘头上顶着盛满葡萄的筐回来了，看见他仍旧坐在老地方，眼睛仍然盯着一个地方。这一副长久的沉默不动的姿态，使姑娘们难以理解。她们对视了一下，说："怕是个傻瓜吧？"然后嬉笑着走开了。

　　他想起很多很多的事情……

法布尔哭了起来。

泪水顺着那难以描绘的辛酸的皱纹流了下来，天下任何精密的仪器都不能测出这泪水中的复杂成分。是的，法布尔的心就像是一个豁了边的碗，盛不下太多的幸福。

一阵掌声，把法布尔从遥远的思绪中拉了回来。法国政府的代表和地方官员已经讲完了话，现在作家和诗人们正在热情洋溢地致词。还有一些未能赴会的作家和诗人发来了贺信和贺电。他们中有法国著名剧作家、诗人爱特蒙·罗斯丹，诺贝尔文学奖金获得者罗曼·罗兰，诺贝尔文学奖金获得者、比利时作家、诗人梅特林克等人。

当晚霞展着好看的翅膀，悄悄地从西边飞过来时，地面上泛起了一层碎金。庆祝会虽然早已结束了，但是诗人和作家们却还流连在奥朗治和析里尼安。他们被黄昏的美景所陶醉，他们要用手中的笔吟唱黄昏颂。

这么多的作家和诗人参加一个昆虫学家的庆祝会，这是从来没有过的事情。

原来，法布尔的著作摆脱了一般科学论文的纯理论阐述的框架，每卷都有十分有趣的昆虫故事和卓越的动物习性的生动描绘。法布尔的《昆虫记》还有一个副题，叫"关于昆虫的本能和习性的研究"。1878年，当法布尔刚写出《昆虫记》第一卷时，读者们就认为这本书写得比小说还动人。到《昆虫记》十大卷出齐时，总共有二百多万字，把一个绚烂多姿、光怪陆离的昆虫世界活生生地展示在人们眼前。每一篇都写得生动有趣、富有诗意！这虽然是一部自然科学著作，但却打动了作家和诗人们的心。他们把法布尔誉为"昆虫的维基尔"、"昆虫的贺拉斯"、"昆虫世界的荷马"。维基尔和贺拉斯都是古代著名的诗人，而荷马，则是古希腊著名诗篇《荷马史诗》的传说的作者，其作品影响极大，以致人们干脆将诗中所述的历史时期称为"荷马时代"。将法布尔誉为"昆虫世界的荷马"，这实在是很高的评价。

为法布尔举行的这次庆祝会开过之后，法国政府为了表彰法布尔创立了动物本能和动物心理学的学说，为了表彰他在昆虫学上作出的巨大贡献，以法国科学院的名义奖给他一枚金质奖章；法兰西学院还把法布尔推荐给诺贝尔奖金审查委员会；瑞典政府以斯德哥尔摩皇家学院的名义献给他一枚林奈奖章；1913年10月14日，连法国总统也专门来到偏远的析里尼安村访问法布尔。

中国人民敬仰的鲁迅先生，在《且介亭杂文二集》中也曾赞誉："法布尔的《昆虫记》不仅是一部不朽的学术著作，而且读起来也还是一部有趣、也很有益的书。"鲁迅先生曾经打算把十卷《昆虫记》全部译成中文，介绍给中国的青少年朋友。可惜他去世得早，来不及完成这项工作。但中国读者对《昆虫记》也并不陌生。拥有众多读者的《十万个为什么》的昆虫部分，其中有些内容就是根据法布尔这部著作中的篇章写的。还有，只要翻开我们国家现行的高中语文课本第一册，就会看到一篇标题叫"蝉"的写昆虫的文章，这也是选自法布尔的《昆虫记》。文章的结尾这样写道：

"4年黑暗中的苦工，一个月阳光下的享乐，这就是蝉的生活。我们不应当讨厌它那喧嚣的歌声，因为它掘土4年，现在才能够穿起漂亮的衣服，长起可与飞鸟匹敌的翅膀，沐浴在温暖的阳光中。什么样的钹声能响亮到足以歌颂它那得来不易的刹那欢愉呢？"

这，多么像是法布尔自己艰难困苦一生的写照啊！

苦难的童年

　　在19世纪，法兰西南部的韦赞镇一带，偏僻、荒凉，寂寞得像一片沙漠。1823年9月21日，在这个镇的圣·莱翁乡，一所孤零零的小院里，男主人安东尼在不安地徘徊着。他的妻子就要分娩了。

　　当村子里炊烟升起的时候，一声响亮的啼喊，冲破了黄昏中的寂静，宣告一个新的生命诞生了。这个刚刚睁开眼睛看世界的男孩姓法布尔，叫让·亨利·卡西米尔，被简称为亨利。

　　很快，冬天到了。严寒驱走了年轻夫妇那初为父母的喜悦。为了节省柴草，他们全挤到牲畜棚里过夜。母亲紧紧抱着小亨利，用身子暖着他，自己却冻得发抖。屋外，狼嗥声和风啸声交织在一起，让人听了毛骨悚然。

圣·莱翁是个山村，到处是凹凸不平、怪石嶙峋的山丘，成块的土地很少，只是在山坳的洼地里才能种稞麦，但也是土质灰白、松散，收获的稞麦和付出的汗水总是不成正比。

在这个家家都很穷的地方，小亨利3岁时，他的弟弟弗雷德里克出生了。贫瘠的土地可供不上儿子的肚皮啊。两只待哺的"小鸟"一饿就张开小嘴不停地喊叫，全然不理会父母的苦衷。

两个小家伙的生存问题，就成为做父母的揪心事了。安东尼夫妇常在屋里相对无言，默默流泪。仁慈的母亲流泪是常见的，父亲的泪却是罕见的，可现在他还是为生计无着而流泪。亨利·法布尔的父亲勤劳、能干，也能吃苦，但看起来懦弱一些。亨利·法布尔的爷爷无论如何也看不惯儿子的这种个性，这不符合他那传统思维中山民应该具有的强悍、豪爽、执著、一往无前的性格标准。所以在几年前，父子俩终于分手了。安东尼和妻子离开了父亲居住的马拉瓦，来到了40千米外的圣·莱翁定居。老家马拉瓦也是个穷山村，但是父亲安托万却坚强而又乐观地奋斗着。一想到父亲，安东尼就觉得自己太渺小，所以，尽管他现在一筹莫展，也不想去向父亲求援。他觉着自己底气不足，张不开嘴。

但是突然有一天，一辆牛车停在了圣·莱翁那所孤零零的小院里，车上跳下一个老人，他一声高喝，仿佛教堂的铜钟敲响，声音震荡着小小的灰色房子。

"安东尼，你这个臭小子！把我的两个孙子饿坏了吧！"

安东尼闻声喜出望外，急忙跑出来拥抱自己的父亲。儿媳把亨利·法布尔的弟弟抱给爷爷看，亨利·法布尔则躲在妈妈身后，瞧着这个陌生的大胡子老人。

就这样，爷爷的牛车把我们书中的主人公亨利·法布尔带走了，带向40千米外的山村马拉瓦。漫漫荒原上，孤零零的牛车摇晃着。天边，是阿尔卑斯山脉上终年不化的积雪。

爷爷家的生活虽然也贫困，但却培育了亨利·法布尔那种对大自然无比热爱的情感；爷爷的性格，又给了他潜移默化的影响。3年过去了，7岁的亨利·法布尔回到了父母身边。圣·莱翁村的小学里，多了一个每天光着脚丫上学的孩子。

　　家中生活依然贫困。妈妈经常处于半饥半饱的状态，她总是把自己的那份面包让一半给爸爸和亨利·法布尔兄弟俩。晚上，亨利·法布尔经常听到爸爸妈妈为生活而争吵。法布尔的妈妈是一位小职员的女儿，家中虽不富裕，但衣食尚不愁，再加上她是父母疼爱的女儿，所以一直也没委屈着。可是，人生这本教科书的内容太丰富了，结婚之后，尤其是有了两个孩子之后，她就随着丈夫饱尝了贫穷之苦。贫穷，使她丝毫没有了以往的娇嫩矜持，倒增添了许多劳动妇女的勤劳坚韧。但可怜的是，贫贱夫妻百事哀。贫穷，使她少了一点妻子的温柔，多了一些女人的唠叨。每当爸爸妈妈争吵的时候，小法布尔就盼着他们马上结束。当有时爸妈吵得厉害的时候，他很害怕。他想起奶奶给他讲的拇指人的故事，说是有一个孩子，生下来只有人的大拇指那么大。但是贫穷的家里仍然养不起他，就把他扔到大森林里了。7岁的亨利·法布尔想：父母如果把自己当做拇指人扔到森林里，那么自己就摸索着去找爷爷家。

学校放假了。假期里，每天都有24只小鸭子蹒跚地从法布尔家的院子里走出来，亨利·法布尔也同样蹒跚地跟在小鸭子后面。放鸭的孩子法布尔，因为是光着脚丫走路，所以被碎石扎得一拐一拐地，和那些小鸭子走路的姿势差不多。

有一天，法布尔把鸭子赶到一个池塘里，他自己趴在池塘边的草地上。他看到水面上有无数的蝌蚪，有肚子橘红色的蜷螈，有倒退着游泳的水蜘蛛。突然，他发现了一些碎石头在阳光下闪闪发光。他想起了奶奶讲的另一个故事。据说有一条龙看守着地下的宝藏，那里有许多金子银子、钻石珍珠。穷人如果得到它，就可以过上好日子了。

"莫非这就是金子或钻石什么的！"

法布尔急忙捞出一些，装满了两个口袋。

"从此以后，爸爸妈妈就会有好日子过，不会再吵架了。"法布尔心里充满了希望。这可怜的幼稚的孩子实在是有太多的企盼。

法布尔在妈妈面前把石头掏出来，等待着妈妈那意外的惊喜。妈妈的眼睛，却直盯着法布尔那被石头磨破的衣兜。法布尔看到的不是妈妈的笑脸，而是一张怒容满面的扭曲的脸。妈妈扬起了巴掌，惊恐万状的法布尔跑掉了。

　　法布尔抹着眼泪跑到了村边那棵巨大的菩提树下。有几个做小买卖的人在这里摆着地摊。最吸引孩子们的是一个转盘游戏，花一个苏转一次，针头停在什么地方，就可以得到一只大麦糖做的卷毛狗，或者是一瓶茴香。当然，更多的时候是什么也得不到。

　　当妈妈找到这里的时候，法布尔正眼巴巴地看着别人玩这种东西。看着儿子的馋相，妈妈不由得一阵心酸，眼泪几乎都要掉下来。她抱起了法布尔，法布尔紧紧地搂住了她的脖子。

　　"亨利，我的好儿子，从明天开始，妈妈让你穿上那双鞋去放鸭。"

　　小法布尔笑了。

　　圣·莱翁的土地太薄情，不愿留住法布尔一家。他们搬家了，从圣·莱翁搬到罗德兹镇，又从罗德兹搬到图卢兹，再从图卢兹搬到蒙比利埃。岁月如流，圣·莱翁的石山也许依然如故，从石山上飞出的岩鸟却已经长大，法布尔14岁了。

但无论搬到什么地方，贫穷总是笼罩着法布尔一家。在蒙比利埃，法布尔家开了一个咖啡馆。咖啡馆生意总是冷冷清清，妈妈经常一边洗着咖啡杯，一边任凭眼泪无声地落进杯子里。

终于，不幸降临到法布尔家。1837年，法布尔14岁的时候，咖啡馆倒闭了，还欠了很多债务。

不久，弟弟被送到亲戚家去寄养了。

在一个血色的黄昏，爸爸抹着额上的汗珠，说："亨利，原谅爸爸吧，我们不能在一起了……你自己去……"

妈妈肝肠寸断，泣不成声。

诗集与葡萄

　　一辆旧式的马拉邮车，载着法布尔的父母亲，离蒙比利埃城越来越远了。车轮吱——吱——地呻吟着，有气无力地向前挪动着。城边路口上，一个小小的身影，还在那里伫立着，一直没有离去。这个小小的身影，揪动着车上母亲的心，车轮仿佛从她颤抖的心上碾过。蒙比利埃城模糊了，小小的身影终于看不见了。母亲放声哭了起来；父亲的双手插进自己的头发里，深深地埋下了头。

　　那个小小的身影，正是亨利·法布尔。邮车早已经望不见了，法布尔还站在城边望着、望着，一只手紧紧握着爸爸妈妈留给他的几个苏——它顶多够维持两天的伙食。此刻的法布尔感到一种巨大的孤单、寂寞，还有一阵阵的惶恐。他后悔没有挤到邮车上去，请爸爸妈妈不要把他扔在这里。现在，什么都没有了，咖啡屋是租的，早被主人收回了。家，突然不存在了，身旁的蒙比利埃城瞬间变得十分陌生。

天上的白云不声不响地向远处飘去，路边的大树却在风中轻轻地呜咽。白云啊，你慢些飘，不要带走14岁少年那稚嫩的青春、朦胧的幻想；大树啊，你为什么不变成母亲，让儿子偎依在你的怀里。

流浪街头的生活开始了。

罗纳河两岸的城市和乡村，留下了法布尔的脚印。

秋天来到了，法布尔来到了博凯尔古城。一只桶里，装着半桶柠檬。

"柠檬汁，柠檬！先生，买吗？"

他叫卖的声音不大，那带有明显童音的嗓子，总像是有些颤抖。

这一天，法布尔带着柠檬和几瓶柠檬汁，来到了铁路工地。那时铁路还在创办的初期，这里正在铺设从博凯尔到尼姆的铁路线。

　　工地上，有的工人在用十字镐刨着坚硬的路面，一镐下去，刨下来一块小石头，有时只是给路面留下一个白点，也有的工人在挖土。无论是往下刨石头或挖土，都叫做"撤方"或"挖方"，就是把高出铁路路基设计要求的石头或土挖走，运到别处去。因为是以立方米为单位来计算，所以叫"撤方"或"挖方"。另一些工人就把这些石头或土装到小车和筐里，再把它们运到别处去。如果正好路面低于路基设计的要求，就把这些土运到那里去，再夯实，这叫"填方"。但这种"正好"的情况不多，正常的情况是："挖方"就得把挖下来的东西运走，"填方"就得从其他地方取土往里填。路基修好后，就由另一部分工人往修好的路基上铺碎石。这不是随便找来的石头，而是经过加工的均匀的碎石，也是用小车和筐运到路基上来。有的地方，路基比路面高出许多，如果不小心摔下来，一路都是石头，那就非死即伤：有时工人精疲力尽，控制不住小车或筐，车子或筐就会直滚下来，那时就会听到工地上一片惊呼，情景真是吓人！

法布尔看着工地的景象，心中不禁一动。他走到一个正在用大锤砸碎石的工人面前，问道：

"叔叔，这里还需要人干活吗？"

"怎么，难道活计还怕人干吗？不过，用人不用人，这得问工头去！"

旁边的几个人也开始说话了：

"小家伙，你也想干这种活吗？"

"小羊羔，你能干什么呢？背土吗？不把你的嫩肩膀压坏才怪呢！"

法布尔在这条铁路线上干起了力气活。

他推车。人们给他装半车碎石，但那种独轮车，在法布尔的手里特别不听话，他用尽了力气，车子才能动起来，但是车子刚一动，就向旁边一歪，倒下了，石头洒了，法布尔一个趔趄跪在地上。"哄"地一声，人们都笑了起来。

一开始，3.6千克的大锤，他连举也举不起来。后来，大锤是举起来了，往下一砸，锤子震在石头上，几乎把虎口都震裂开了。身子也常随着锤子往前一冲，膝盖就磕在石头上。挽起裤腿，血在碰破的地方慢慢地渗出来。

他装车。铁锹怎么也插不到碎石堆里去。他把锹柄顶在肚子上，半天才能撮起一锹。张开双手，手上早已磨出了紫红的血泡。

工地上，适合法布尔干的活太少了。他干得最多的，也只有这种活才算适合他，那就是用筐往路基上背土和石子。他尽力地干，额上的汗水经常漫过睫毛，迷糊他的眼睛。

这一天，法布尔太累了，干不动了。傍晚，领工钱，一天他只挣到了一个苏。他饿极了，急忙往城里走，得用这一个苏和口袋里原来剩的两个苏去吃晚饭。他想吃一顿油炸土豆：路过书店，眼光习惯地一瞥，突然，橱窗里的一本书映入了眼帘。

"啊！《勒浦尔诗集》，面包诗人的诗！"

让·勒浦尔是生于法国尼姆的一位烤面包的工人，他写了许多诗歌，成为一位清贫的诗人，但也是一位名气很大的诗人。法布尔一直想有一本他的诗集。

法布尔翻开书看了一下价钱。啊！对于他来说，书太贵了。买了书，就没钱吃晚饭了，连明天也得挨饿。

对面的饭店，传来阵阵香味。

法布尔咬紧牙关，还是买了书。

他喜欢勒浦尔那些描绘自然的诗篇。天快黑了，他边走边读。他仿佛闻到了诗人刚刚烤出的一小块一小块又香又热的面包。可精神食粮是不能替代物质粮食的。书上的铅字，毕竟不能变成面包。法布尔饿得心慌。

突然，他额头碰到了什么。

"是葡萄！"

法布尔喜出望外，他把书放进兜里，两只手一起摘葡萄往嘴里送。不一会儿，牙吃酸了。抬头看，原来这是从一家院墙里爬出来的一根葡萄蔓，上面密密的长着好多串葡萄。在葡萄酒的故乡法兰西，许多地方葡萄是随处可见的。

这一天夜晚，公园的长椅被一对对情侣占满了——法布尔来晚了。法布尔在一棵大树下躺下了，他两手交叉放在脑后，头枕在手臂上。纤细的胳膊，露在衣袖外面。仰望长天，银河横空，星光灿烂。

"星光啊，灿烂的星光，你快让这地狱般的生活结束吧！"

不知为什么，一只凤蝶居然在夜间飞过来. 法布尔眼睛盯住了它，直到它消失在黑暗中：

"凤蝶啊，美丽的凤蝶，你去替我给爸爸妈妈捎封信吧！"

法布尔在公园大树下睡着了。

瑟瑟秋风，抽打着法布尔稚嫩的面颊，刮落了他眼角凝挂的泪珠；滚滚车轮，碾压着少年的一颗漂泊的心……

沃克吕兹师范学校入学状元

两年过去了，罗纳河两岸的尼姆、博凯尔、塔拉斯贡等许多城镇都留下了法布尔徘徊的身影。在饥寒交迫的流浪生活中，法布尔长大了。

1839年的初夏，法布尔来到罗纳河右岸的城市阿维尼翁。

在罗纳河大桥上，法布尔停住了脚步。

桥下，水面清澈，微风掀起阵阵细浪。岸边，一丛丛芦苇随风摇摆，向他点头和招手，欢迎这浪迹天涯的客人。

法布尔在阿维尼翁看到一张师范学校招生的布告，上面写着：经过考试合格被录取后，免费学习3年并解决食宿。

　　法布尔心里一动，浑身燥热起来。他想：两年没学习了，能考上吗？

　　但这是一个机会，他看到机遇在向他招手，他决心试一试，参加了考试。

　　这所师范学校叫沃克吕兹师范学校，就设在阿维尼翁的古教堂旁边。那座教堂就是圣马谢尔古教堂。这所教堂的钟楼顶上有一个锈了的风标，风一吹就轧轧响。到了晚上，许多大蝙蝠在教堂周围飞来飞去，猫头鹰躲在阳台的柱子上叫着。教士们已经迁走，教堂现在是给那些有钱的中学生做课堂的。

　　发榜这一天，法布尔来到了这里。因为师范学校的校舍比教堂低矮，就把录取名单按考试名次张贴在教堂前。

　　法布尔站在人群的最后面，悄悄地张望着。他不敢朝那名单上看，但又不能不看。他想，哪怕是倒数第一，只要榜上有名就行。他战战兢兢地从最后一名开始看起，慢慢往上看过去。没有，还是没有。他失望了，几乎要走开了。

"啊！"

法布尔不由自主地喊了起来，人们都转过身子，奇怪地看着他。

原来，在第一名的位置上，清清楚楚地写着"让·亨利·法布尔"。这个衣衫褴褛的人，以最优秀的成绩，被沃克吕兹师范学校录取了。

师范学校的校舍很简陋，伙食也不太好，可是再也不用为吃饭发愁了，再也不用躺在大树下望着星空过夜了。这真是比以前的生活好太多了。

晚上，法布尔斜倚在木床上，轻松极了，也高兴极了。他从窗口望出去，星空是多么辽阔，多么美好。不知从什么地方传来了钟声，这钟声，预示着新生活的开始。

法布尔闭上了眼睛。两年来，他第一次睡得这样安稳。

在沃克吕兹师范学校就读三年

在沃克吕兹师范学校，拉丁语老师最喜欢的学生就是法布尔。

法布尔的拉丁语水平超过所有的同学，他能轻松地完成作业，还能不费力地把拉丁文译成法文，或者把法文译成拉丁文，并且绝少错误。

普天下所有的老师，都喜欢学习好的学生。拉丁语老师也不例外。不过他不知道法布尔曾在罗纳河畔流浪过两年，更不知道他在这两年的惨淡岁月中，读过不少书，包括著名拉丁诗人贺拉斯和维基尔等人的诗篇。

并且他还读过一些希腊语原文的古希腊、古罗马神话故事。拉丁语老师课堂上讲的内容，对于法布尔来说，不少是以前读过的。拉丁语老师不知道这些，他还以为法布尔家境比较好，受过良好的教育呢。

普天下所有的老师都不喜欢不努力学习的学生。这一点，拉丁语老师同样也不例外。法布尔和拉丁语老师的冲突，就是由此而引起的。

第二个学年开始之后，拉丁语老师仍然教法布尔他们这个班级。几个星期过去了，每当拉丁语老师走进这个班级上课时，就总觉得教室里缺少了什么。这使他讲起课来，也不像上一个学年那么有劲了。缺少了什么呢？拉丁语老师想起来了！缺少了一双全神贯注地盯着老师，格外明亮的眼睛。

凡老师讲课时，若是听讲的学生们全神贯注，一个个盯着老师看，一个个听着老师讲，那么他就会越讲越来劲。对教学内容的处理，常常是左右逢源、得心应手，备课时没有想到的问题，也能够临场发挥得淋漓尽致。而学生们呢，由于老师讲得好，也就越来越爱听，这又反过来推动老师去讲好课。学生认真听讲，努力学习，就是对教师辛勤劳动最好的回报。教师从学生的表现中，体会到了自己人生的价值。师生之间，就是这么相互促进，不断提高的。

而现在，拉丁语老师有点缺乏讲课的劲头。他发现，法布尔听课时目光暗淡，全没有了上学年那热烈的企盼的光彩，并且是一副魂不守舍的样子。这使拉丁语老师心中隐隐不快。是啊，任何教师发现自己所喜爱的学生不认真学习自己所教的课程，都会有这种感觉的。

上课时，他连连用眼神暗示法布尔，提醒他要注意听。但法布尔竟无动于衷。拉丁语老师的忍耐终于到了限度。

这一天，又是拉丁语老师的课。

"亨利·法布尔，你的手在桌子下面做什么？拿出来！"

拉丁语老师的声音很严厉。教室里的空气凝固了，谁也不敢出声。

这是暴风雨前的寂静。

法布尔把东西交了出来。

拉丁语老师一看，原来是面包诗人勒浦尔的诗集。

拉丁语老师拿着这本书，觉得沉甸甸的，远不是一本书的重量。翻开书，每一页都夹着花和草。原来，法布尔在流浪时，每当他在小路边，或者是草原上发现一种美丽的花或奇异的草，就会连根拔起，夹在这本诗集里。这本诗集曾伴随他奔波，他差不多把诗集中的每一行诗都背下来了。后来，这诗集又成了他的植物标本夹，也算是做到物尽其用了。但是拉丁语老师哪里知道这些内情，他虽精通希腊语和拉丁语，可是对生物学一窍不通。他看到法布尔不注意听讲，不由得怒从心起，就对他责怪起来。

法布尔呢，偏偏不认错，站在那里一声不响。

"明明错了，还用沉默来反抗老师！真没想到亨利原来是这样的学生！"拉丁语老师在教室里大发雷霆。

法布尔其实知道自己错了，但他只是把歉意藏在心里。他觉得自己有些对不起拉丁语老师的热心，上课时，他总是躲着老师的眼睛，只要老师的目光一投向他，他就急忙低下头，假装看书。并且，他还和坐在最后面的一位同学换了座位，上课时，有前排同学的身体做掩护，老师就会看不见他。

结果适得其反，躲避老师更叫老师伤心呢。

拉丁语老师终于找校长去了。其实，校长对这个学生的事情，早有所闻。

"亨利·法布尔简直不像话，他是个不愿学习不认真听讲的学生。"

"是吗？那么他现在的学习成绩怎样呢？"

"成绩嘛——"拉丁语老师想了一下，"成绩嘛，还可以。"

"这证明他并不坏呀！您可能不知道，法布尔在入学前，一直在过着流浪的生活。"

"啊？居然这样！"

"是的。即使这样，他也没有间断地看了一些书，所以，上课时弄一点别的什么东西，也是可能的。"

"您是怎么知道这些事情的呢？"

"他曾经向我申请过跳到上一个年级学习，所以……"

"可是他并没有向我说明阿！"

"嗯——，这个学生，性格有点内向……也许，他向您说明情况，会被您误认为是好高骛远吧。但是听说，他对您是相当尊敬的。"

拉丁语老师是个通情达理的人，听了校长的解释，他对法布尔的怒气立刻就烟消云散了。他和校长一起，给法布尔找了一本拉丁文和希腊文对照的《模仿集》，让法布尔学习。

但是不久，法布尔还是又一次找了校长，要求跳级到3年级学习。

沃克吕兹师范学校的校长是个和善的人，也是一个果断、有眼光和敢负责任的人，他同意了让法布尔跳到3年级去学习。

跳级后的年末考试，法布尔竟获得优秀成绩。全校师生大为震惊。法布尔用两年的时间学完了3年的课程，并且还获得优秀的成绩。

校长分外高兴，对他说：

"你现在已经取得了小学教师的资格，但是按规定，必须在校住满3年，才能拿到毕业证书。因此，你可以再学1年，只要不妨碍别人，你自己愿学什么就学什么，食宿待遇和过去一样。"

法布尔高兴极了。

也许，如果没有沃克吕兹师范学校，没有早年的坚实的语言文学和其他方面的基础知识，就没有后来的法布尔和他生动风趣的科学著作《昆虫记》。

　　法布尔19岁时，从沃克吕兹师范学校毕业了。

与玛丽美满的爱情和婚姻

　　傍晚时分，卡庞特腊斯城总是静悄悄的。这时谁也不会注意到，有一个美丽的姑娘正在凭窗远眺。一缕忧思，挂在她微蹙的眉间。她，就是这个城里引人注目的姑娘玛丽。

　　小山城卡庞特腊斯高高地耸立着，它的后面衬着黄绿色的环形山和蔚蓝色的天空。进城的林荫路两旁都是高大的梧桐树，路面一步高过一步。玛丽家的小楼位置很高，在窗口，正好能看到卡庞特腊斯公学的附属小学校，玛丽就在这所学校里教书。

这一天，玛丽又忍不住来到窗前，她的目光落在校园里的一间旧房屋上，因为有一位青年男子住在那里。

　　1842年火热的夏天，玛丽和她的同事们迎来了青年教师让·亨利·法布尔。这个小伙子不是本地人，所以吃、住都在学校。他刚刚从沃克吕兹师范学校毕业，工资很低，每年只有700法郎。这点薪水，维持一个人的生活还是能够的，但是他每个月都要买书，有时一本书甚至要用掉他一个月的大部分收入，所以他的生活是相当拮据的。

　　但是玛丽从未听见过法布尔怨天尤人。这个青年，他那沉思的眼睛里，不乏青春的单纯和热情，紧闭的嘴唇线条很分明，仿佛锁住了无穷的话语和丰富的情感。玛丽觉得这个人很有修养，他的含而不露的才华，他的勤奋好学，他的温文尔雅，使玛丽生出了许多好感。也不知从什么时候起，玛丽开始关心起这个小伙子来。她有意无意地常从家中给法布尔带来一点面包和香肠。时间一长，平时围着玛丽转的几个小伙子就开始挤眉弄眼了，对法布尔的态度也不太友好了。这样一来，弄得玛丽自己心中也不太坦然了。特别是法布尔上过那次轰动卡庞特腊斯的化学实验课之后，玛丽猛然意识到她对法布尔的深情厚意。

玛丽站在窗前，凭窗远眺，思绪不宁，不久便关上了窗子，走出了房门。

北风轻吟着一曲瑟瑟的秋歌，在绵绵群山的深绿色夏装上，悄悄地涂抹了一层淡淡的褐黄色。已经失去夏日绿色的草丛里，一只不知名的小鸟，孤单地发出寂寞的鸣叫。远处，一只大雁形单影只地在旺多山顶缓缓地飞翔。玛丽漫无目的地走着、走着，猛抬头，居然来到了法布尔宿舍的门前。

这时法布尔根本就没在宿舍里，他正在城郊东南小山的山脚下散步。他这时的心情，其实和玛丽是差不多的。上一个星期，他买了一本书，结果口袋里就只剩下几个苏了。午间，他坐在备课桌前，正算计着吃点什么，突然门开了，玛丽朝他走了过来，递过两个面包和一段羊肠，说："替我吃掉。"然后大大方方地走回自己的桌旁，看起书来。

法布尔自做过那次成功的化学实验之后，心中一直感激玛丽，在她面前自然也少了许多拘谨。他接过面包，很快就把它吃光了。肚子一填饱，心中也就生出了一股暖流，流向全身。他抬起头来，玛丽就坐在他的右前方。他发现玛丽今天穿得很漂亮：一件白色的短袖上衣，下摆束在褐黄色的裙子里，清晰地勾勒出她那颀长而丰美的年轻女性的身段。他看着玛丽端坐时的风姿，也看着玛丽美丽的面容，虽然是个大侧面，但是能够清楚地看到她那长长的睫毛下，开朗和悦、美丽动人的眼睛。

后面传来什么人的咳嗽声，法布尔急忙收回了目光，下意识地抓桌上的水杯。

"哗"的一声，水杯倒了。玛丽回过头来，法布尔狼狈极了……

坐在小山下石头上的法布尔，回想到上星期这一幕，倒觉得那种狼狈很有些甜蜜。这时，落日挂在天边的树林上，迟迟地牵拉着树梢，好像有许多话儿要说，久久地不愿离开。远处，卡庞特腊斯升起的缕缕炊烟还没有消散，教堂的屋顶和尖塔闪耀着瑰丽的色彩，像是述说着金色的幻想。

法布尔沉浸在遐想中。

蓦然，一个颀长而丰美的身影出现在视线里。法布尔的心狂跳起来。那是玛丽，正是他所依恋和期待的姑娘。

原来，玛丽走近学校之后，并没有进去，却鬼使神差地折向了郊外。意料之外的是，她！在晚霞中和法布尔相逢。

"亨利！原来你在这里。"

"我……是的，我在这里……我是闲着在这里走走。"

玛丽金黄色的头发像瀑布一样，溶在夕阳最后的霞光里，一股淡淡的幽香从她身上溢出。

法布尔手足无措，说话断断续续。

谁也没有提议，两个人不约而同地挪动了脚步，在田野里漫步了。

燃烧着生命恋火的青年男女，常常感觉不到时间的流逝。法布尔和玛丽谁也没有留心，月亮是什么时候挂在天上的。

"啊，月亮出来了！玛丽，你喜欢月亮吗？"

"我自己也说不上是否喜欢。但是月亮那清寒的光辉如纱似雾，总是那么高远，那么温柔、含蓄，使人产生缱绻的情思……"

"你说得太好了！但同时月亮又是伟大的。当大地阳光灿烂的时候，她隐在不为人知的地方；当黑夜降临，便挺身而出，驱走黑暗！"

"你在作诗！"玛丽莞尔一笑，说，"其实，月亮本身是不发光的，它借太阳的光，才显示自己！"

"不，世间如果没有月亮，黑夜将永远是黑夜。"

……

他们在路过一条小土沟时，法布尔先迈了过去，再回过头来等待玛丽。玛丽没有动，却把温热的手伸给法布尔，法布尔立刻把她抓紧，再也没有松开。

月光，把他们长长的影子印在地上。

几个月过去了。

他们相爱并决定结婚了。法布尔兴冲冲地赶到离卡庞特腊斯不算太远的皮埃尔拉特镇，他的父母在那里开咖啡馆。法布尔把这件喜事告诉父母，他要让父母为儿子喜结良缘而高兴！

想不到被迎头浇了一盆冷水。父母一致反对他和玛丽·维拉尔结婚，理由只有一个，仅仅是因为玛丽比法布尔大两岁。

"你还年轻，怎么能和岁数大的女人结婚呢？"

"不错，我和你母亲一样，决不允许你和她结婚！"

法布尔一声不响，他痛苦到了极点。

在贫穷中长大的他，深知父母的艰辛，他无限地敬爱他们，也千方百计地为他们分忧解愁。两年前，他刚从师范学校毕业，就从亲戚家接回他的弟弟，帮助弟弟复习功课，终于使弟弟也进了这所师范学校。

法布尔也从来没有违拗过父母的意见。他思量着："怎么办呢？从此和玛丽分手？"

他想起了那次化学实验。

法布尔刚到卡庞特腊斯小学校时，学校十分不景气，设备也不好，学生年龄、程度都不整齐。上课铃一响，那些调皮鬼就窜进教室，捉弄老师是他们的拿手好戏，学习成绩当然不会好。法布尔用他的刚刚步入工作岗位的热情、耐心和勤奋，以及广博的学识，使学生们耳目为之一新，精神为之一振。学生面貌很快改观了。

法布尔的成绩，得到大家的一致认可。但是法布尔认为还不够，他对同事们说：

"学生有许多是从乡下来的，将来回去也许做农民，还有的也许要去当工人，所以，必须教他们一些植物学、化学的知识。"

法布尔订了个计划，去请示校长，要求给学生讲一些化学知识。校长精通拉丁文，但对化学一窍不通。法布尔费了很多口舌，详细说明了化学的重要性，而且还特别指出，如果学生能够学会这些东西，将来升学或就业，都会方便得多，可是校长还是无动于衷。法布尔又对校长说，学校里的化学课上得好，来念书的学生一定会多起来，寄宿的学生也会多起来，这会增加学校的经费和扩大学校的影响。这下子，校长动心了，但还没有做最后决定。

全校的教职工都在关注着这件事。

玛丽找校长谈了自己的想法。平时，只要玛丽来到学校，无论她走到哪个房间，古老的建筑就都会充满生气。

校长认真听取了玛丽的建议，终于同意法布尔每星期搞一次化学实验。

第一次是制造氧气的实验。

玛丽和一个学生提前两个小时来到实验室，帮助法布尔准备。实验课开始了，他先对学生讲述了他在师范学校念书时，老师做这个实验时所发生的爆炸悲剧，把实验的危险性都清楚地告诉了学生。学生们都安分地坐好了，不敢随便走动。

实验开始了，上百双眼睛一动也不动地盯着实验桌，期待着那个陌生的结果。

格鲁——，格鲁——，格鲁——，玻璃瓶里冒起了一串串气泡。难道这就是氧气！法布尔兴奋得心头扑扑直跳。他拿起一支刚刚吹灭还有一点火星的蜡烛，插在一根铁丝上，伸进聚气瓶里，蜡烛在一个轻轻的爆炸声中又燃着了，而且特别光亮。这就是氧气的作用。

实验成功了。

在这个严肃的时刻，学生们都目瞪口呆，他们每一个人都感到这一天是最有意义的日子。消息传出，许多人被学校里的奇迹吸引，纷纷来校学习。

生源扩大了，学校的声誉越来越高。化学这门课程被列入了教学计划，法布尔也成了远近闻名的教师。

"如果没有玛丽的帮助，我能成功吗？"

法布尔又回到现实中来。

"爸爸妈妈，这一次，求你们让我自己来处理这件事吧！"

终于，父母同意了，他和玛丽·维拉尔结婚了。这时是1844年。

生命之旅证明法布尔的选择是正确的。

玛丽从此和法布尔一起，踏上了那条遥远的路，开始了艰难的跋涉。

玛丽和法布尔一起，和贫穷作战；

玛丽是法布尔研究昆虫的助手；

玛丽随法布尔到处奔波，他们曾经搬过四次家。

第二次搬家非常重要，正是这次搬家，玛丽把病重的法布尔从死神手里夺了回来。

那是在科西嘉岛上，法布尔就是在那里向生物学进军的。

教课之余，法布尔经常跑到海边，去观察和采集奇特好看的海贝。他也常在旷野里跑来跑去，常常要经过瘴气笼罩的沼泽地带。一次，法布尔不幸被一只小小的蚊子咬着，因而患了恶性疟疾，连续不断地发烧，已经使他神志不清了。科西嘉岛上的医生们束手无策，岛上的中学校长和同事们这时也全没了主意，他们仿佛看到死神已经一步步向法布尔逼近了。

面对此情此景，玛丽在焦急中不失冷静，在冷静中不失果断。她分析，摆在法布尔面前有三条路：第一条，死里逃生，现在看这个可能性几乎等于零；第二条，送掉性命，这个可能性是近在咫尺；第三条，马上离开这里，回法国内地治疗，只要平安到达，就能挽回生命。校长同意玛丽的这个分析，他对昏沉沉的法布尔说：

"赶紧回内地治疗吧，这里等着你再回来。"

法布尔被抬上了开往内地的船。但是在海上，又遇上了暴风雨。船像一片树叶，在浪里上下颠簸，大浪好像要吞没它。平常只需要约18个小时的航程，这次却用了三天三夜。在这三天三夜里，玛丽寸步不离地守护在法布尔的身旁，用圣母般的爱，呼唤着法布尔的信心和勇气。到达马赛港时，法布尔虽然已经像石头人一样动弹不得了，但还活着。是玛丽温情的呼唤，留住了他的生命。

如果说第二次搬家玛丽挽救了法布尔的生命，那第三次搬家玛丽则为他提供了心灵的避风港。

那次搬家是在"女子科学讲座"风波发生后。

法布尔被迫辞职那天，从学校回到家里。

"玛丽，我没有工作了！"

"啊！那……那不正好从事你的昆虫研究吗！"

玛丽没有追问原因，没有问以后怎么办，但这反而使法布尔不安。他知道，在玛丽那一声"啊"的惊叹里，已把这些内容全包括了。

"可是，我们今后的生活……"

"亨利，事已至此，我们再想别的办法吧。东方不是有一句谚语，叫做'车到山前必有路'吗？"

"可是，你可能还不知道，他们说我对姑娘们讲植物的生殖作用，是对神的亵渎，你不会误会吧？"

"怎么能呢？我要是她们，也会去听你的讲座的。"

法布尔在那些迫害他的人面前，表现出了愤怒和偏强，但是回到家里，在亲人面前，他却表现出了他内心的苦痛。他觉得那些迫害他的人太过分了，他觉得自己的希望几乎完全破灭了！

"亨利，不要紧，你还可以重新开始。"

人在受到挫折的时候，是痛苦的。玛丽的安慰，解除了法布尔心理上的重负。

事实上，没有多少女人能像玛丽那样宽容这个如痴如狂地追求真理的科学家。爱迪生终生未娶；诺贝尔几次恋爱都以失败告终，唯一一个要成功的恋人也让一位数学家夺了去，致使诺贝尔对数学家采取永久性的报复，不设诺贝尔数学奖；莱特兄弟终生未完成男婚女嫁的任务，他们无法既照顾妻子又照顾飞机。

法布尔比那些科学家要幸福。

玛丽就像一个港湾，对着法布尔开放，让他修补被风浪颠簸得支离破碎的小船。她和法布尔之间的爱情，就像是日夜不息的篝火，长久地燃烧着，给法布尔以无穷的力量。

1907年，当法布尔的《昆虫记》十卷全部写完时，玛丽已经在另一个世界里沉睡了23年了。玛丽墓碑上的字，已经不太清楚了。刻在碑上的字，可能先于碑而消失，但雕印在心上的人，是能够与心共存的啊！法布尔的生命之火在燃烧着，他要让对玛丽的无尽怀念保留在生命中。

一片荒漠上成长的果实

1854年，法布尔在做了12年物理、数学、化学教师之后，终于正式取得了生物学教师的资格。得到通知的那天，激动的法布尔，久久不能入睡。灯下，他忆起了自己听过的唯一的一堂较正规的生物课。

那是3年前的夏天，法国著名的生物学家，图卢兹植物园园长摩根·唐东，到科西嘉岛来研究植物区系，并准备搞植物分类。他到达的时候，不巧科西嘉首府阿雅克肖所有的旅馆都被参加会议的省议会议员包租了。法布尔那时正在科西嘉岛上当中学教师，对摩根·唐东，他神交已久。听说摩根·唐东没地方住，就把他请到家里，在可以望得见大海的房间里，给客人安置了一张床铺。可是拿什么来招待客人呢？法布尔可难住了。他没有一点多余的钱，只能给客人吃七目鳗、比目鱼、海胆什么的。科西嘉是个海岛，这些菜在这里自然是司空见惯，是最便宜的，要想得到它们，比得到面包还要方便得多。

摩根·唐东却大感兴趣，因为这些东西在大陆上是罕见的，很不容易吃到。所以，样样东西他都感到新鲜。

整整两个星期，法布尔陪这位科学家在岛上各处奔走，找寻各种植物。摩根·唐东把植物压扁、烘干制成标本的方法，和法布尔平时采取的方法不一样。两个星期的时间里，法布尔学到了不少知识。

摩根·唐东就要走了。他拿了一把剪刀，两根装了柄的缝衣针，在一只汤盆里解剖蜗牛。他一边解剖，一边向法布尔解释蜗牛内部器官的构造和作用，并且画出各种器官的草图。

这是摩根·唐东作为分别纪念，特意给法布尔上的一堂课。

这是法布尔一生中的第一堂正规的生物课，也是他一生中唯一的一堂生物课。

法布尔不会忘记这一课。

摩根·唐东的话，仿佛还在伴随着大海的波涛声，回荡在他的耳边：

"采集植物标本、解剖动物，这些都非常必要。但是，注意全面、系统的学习，也同样重要。……写论文时，也要重视论文的文体。"

这是使法布尔终生受用的指导。

但是毕竟只有两个星期的时间啊！

想到这里，法布尔禁不住在灯下铺开纸，写道：

"有老师指导的人，是多么幸福啊！摆在他面前的是一条平坦笔直的路。而另外一种人，在他面前是一条崎岖的乱石小径，经常会跌跤。他在一个未知的世界而茫茫然无所适从，只好慢慢地摸索着前进，能帮助他的唯有毅力，这是根底浅的人的唯一伴侣。我的命运就是这样。我所能给人的，也只是自己的一点点可怜得很的收获——这是在一片荒漠上成长的果实。"

法布尔没有进过大学，他是一位不屈不挠的自学成材的大师。

法布尔刚从师范学校毕业的时候，数学成绩相当差，计算开方、证明球面，对于他简直是天方夜谭。翻开对数表，看到眼前一格格的数字，他立刻就头昏脑涨。可是，他竟在卡庞特腊斯公学里代人家教起数学来了。

事情是这样发生的：有一天，一个与法布尔年纪差不多的青年来找他，求他教代数。因为那青年准备去考土木工程学科。他的要求使法布尔心中一震："要我教代数，那真是疯了。我一点都不懂啊！"那青年一再要求，法布尔犹豫良久，终于说道："后天晚上你来，我们先开个头。"

没有书。这就等于上战场没有武器。

不能买。他手头只剩下6个苏了，钱不够。

他向一位老师借了一本半尺厚的书。这本书不是代数课本，但其中有一章是讲代数初级知识的。

他的"学生"按时来了。法布尔熟练地边讲边在黑板上演算。有谁能想到他是边学边讲呢？当那位青年学完代数告别法布尔时，心中充满了敬佩。

法布尔自己也很高兴，因为他又学了一门知识。

从此，他发狂似的爱上了数学。

在法布尔隔壁的房间里，住着一位退职军官，为了取得数学学士学位，他紧张地准备着功课。在晚上，法布尔常常看见他坐在桌前，双手捧着头，面对一本大练习本，长时间地思索着，本子上写满了种种神秘的符号。

有一天，法布尔问他：

"为什么每行的最后，数目都是零？这是什么意思？"

"我在做解析几何，三言两语，恐怕对你说不清楚。"

法布尔想，在师范学校时，连听都没听说过还有这样一门学科。于是他说：

"我也要学习解析几何，您愿意帮助我吗？"

"我对您印象是如此之好，当然乐意帮助您。"

就在这天晚上，他们两人订了一个计划：一起研究代数和解析几何，一起打好数学学位应试的基础。

15个月后，他们一起到蒙比利埃去应试，双双获得了数学学士学位。军官的努力没有白费，他实现了预定的目标，不想再前进了。法布尔对他说：

　　"让我们继续在一起战斗吧！我们再考数学硕士学位。"

　　"亲爱的兄弟，这是个发疯的计划，它会弄得我们精疲力尽，到最后一无所获的。"

　　法布尔不放弃，他在新的领域里孤单单地艰难地前进着。

　　不久，他连续得到了两个硕士学位，并且取得了物理和数学教授的证书。这时，他才25岁。

　　课讲得好，再加上那次成功的化学实验，人们不得不对他刮目相看。现在又取得了几个学位，就更使法布尔在当地教育界名声大噪。不久，当局调他到科西嘉岛上去教中学物理和化学。法国的报纸发了消息，欢迎法布尔到那里就职。

　　表面看来，这些学位和他教的课程，与昆虫学没有什么关系。但这也许是他的必经之路，是一个科学家前进道路上的一个又一个的路标。它们所标示的，不是一条笔直的路，但毕竟促使航船驶向前方。

哲人培根有一段名言，正好可以给这些路标做注解：

"读史使人明智，读诗使人灵秀，数学使人周密，科学使人深刻，伦理学使人庄重，逻辑修辞之学使人善辩。凡有所学，皆成性格。"

是的，对希腊语和拉丁诗歌的爱好，使法布尔文笔优美；对数学的钻研，使他思维周密；对物理和化学的学习，使他长于观察和思考。这些扭扭歪歪的自学的脚步，从他儿时那念书的小学校出发，就像荒漠中蜿蜒曲折艰难流淌的河流，终于培育出了荒漠中的丰硕的果实。

每个科学家走过的道路，都值得教育学家们写一部著作。

举世无双的观察家

　　深夜，玛丽和两个孩子早已睡熟，法布尔仍伏在书桌上埋头读着。莱昂·迪富尔医生所写的沙蜂生活习性的观察记录，深深地吸引了他。壁炉里极少的一点烧柴抵挡不住1854年冬天的寒冷。烛光映照着桌上杂志的封面：自然科学年报，第2集，第15卷。

　　"好，太好了！"

　　玛丽在梦中被惊醒了，她睁开惺忪的睡眼问：

　　"你在和谁说话？"

　　"亲爱的，对不起，我太激动了！没想到还有这种研究昆虫的方法，真有独到之处。"

迪富尔在这本书里，用美丽的文笔描写了一种沙蜂的生活习性。书中说这种沙蜂的巢里有一种似死未死的甲虫，它身上绿色的或黄色的甲壳和肉体，都能经久不坏，不干不臭。迪富尔在书中认为这种甲虫已经死了，它所以能保持原状，是因为沙蜂给它注射了一种毒液，这种毒液，同时也起到一种防腐剂的作用。

当时的昆虫研究仅仅限于虫体解剖，使用显微镜观察和制作标本，搞昆虫分类，但还没有任何人详细考察过昆虫的生活习性。迪富尔的做法使法布尔大为震惊，深受启发。但是同时，他也对迪富尔的观察记录产生了一个疑点：沙蜂的毒液难道真的就有那样神奇的威力吗？

人们想办法把鱼肉晒干、腌咸、熏烤、冰冻，或者把它加工成罐头，都是为了防止它们腐烂，然而这些加工品的味道和营养，远不如新鲜的鱼肉那么好。沙蜂在甲虫的身上，究竟施了什么魔法，才能使甲虫的肉一直保持新鲜呢？要知道迪富尔书中所写的那种甲虫，可是比沙蜂的身体大两倍以上呢！

在玛丽的催促下，法布尔躺到了床上。在睡梦中，总出现那些甲虫和沙蜂的形象。先是一种叫玉虫的甲虫，后是一种叫象鼻虫的甲虫在他眼前晃过，接着，又飞来了一群长着美丽鞘翅的地甲虫和金凤蝶。突然，所有的昆虫一下子都向远方飞去。法布尔追呀，追呀！追到了一个美丽的池塘边。奇怪！这些甲虫和沙蜂都纷纷地落到池塘里，变成了一群小鸭子，法布尔自己呢，变成了一个放鸭的小孩。在池塘边，放鸭的孩子看到了慢慢挪动的蜗虫，还有别的昆虫。为什么没有沙蜂呢？啊，对，它们都变成小鸭子了。放鸭的孩子抬起头来，向水面望去。

　　哎呀！不好，小鸭子一只也没有了。

　　放鸭的孩子的妈妈从远处走来了，脚步声越来越近，无情地敲打着他的耳膜。放鸭的孩子惊慌地睁大眼睛。眼前一片黑暗，池塘、妈妈，一切都不见了。

　　天还没亮。法布尔梦见了自己的童年。

　　法布尔再也睡不着了。他恨不得冬天在明天就过去，他好在春天和夏天去观察沙蜂，解开自己心中的疑团。

春天姗姗而来。

不久，夏天带着炎热也来了。

法布尔一直没有间断观察。盛夏的一天，日出之前，法布尔就从阿维尼翁跑了几十里路，来到了卡庞特腊斯。这里有许多悬崖峭壁，沙蜂就在悬崖的侧面筑巢。

朝阳跃上了两山之间的天空，它俯视着大地上的一草一木，也俯视着正在登山的法布尔。法布尔小心翼翼地爬上悬崖，爬到蜂穴跟前，耐心地等待着。

"嗡"，沙蜂终于飞出来了。"嗡"，沙蜂终于又飞回来了。

这一天，从早到晚，法布尔一直盯着沙蜂的巢，他几乎被晒昏过去了。

就这样，又经过多少天烈日的蒸烤，法布尔摸准了沙蜂的作息时间；又是多少天烈日的蒸烤，法布尔知道了沙蜂的住宅建筑和家庭生活的秘密。

沙蜂筑巢的地面结实、坚硬，而且干燥，并且还有充分的阳光照射。疏松的土地或是单纯的沙土，洞口就不能永远敞开，遇到下雨会使洞口变形或者堵塞。所以沙蜂的这种选择表明了它的智慧。沙蜂前腿上有硬刺，它用前腿和大颚挖掘地道，不停地往土里钻，边掘边把泥土弄到外面。它挖的地道不是垂直的，这样就不会因为刮风或其他原因堵塞地道。在离开洞口不远，还要拐个弯，挖一条20多厘米长的地道。地道尽头，是五个独立的各自分离的小"房间"，排成半圆形。小"房间"的内壁光滑而坚硬。

这些小"房间"太重要了，它们是沙蜂养育的孩子们的摇篮。每个小"房间"刚好够安放3只象鼻虫，它们是沙蜂幼虫的粮食。母沙蜂在已经成为自己战利品的3只象鼻虫中的1只身上产下1个卵，然后用泥土把地道封闭，小房间与外界从此不再相通。

沙蜂的粮食是花蜜，可是它的幼虫却专吃昆虫的肉。母沙蜂捉回巢里的象鼻虫，都毫无活力，一动不动。但是，使法布尔惊奇的是：它们身上的色彩仍是那么鲜艳，腿、触角、触须、连接身体各部的薄膜依然很柔软，而且可以屈伸。在沙蜂地下的巢里，法布尔从来没有见过肢体断残，身上有伤痕的象鼻虫。因此，一开始，法布尔估计它们是刚刚死亡的。

可是，经过36小时之后，纵使在干燥和酷热的天气里，它们的关节仍然是柔软的。经过解剖，发现它们的内脏依然完好，几乎和活着的昆虫相同，这就超出了常规。因为在夏天，昆虫死后12小时，它的内脏不是干瘪，就是腐烂。但是被沙蜂杀害的象鼻虫的内脏，居然在两个星期内；也就是死后三百三十多个小时内，还完好如初。小沙蜂孵出后，可长期就地尝鲜。

这是什么道理呢？

更奇的事情还在后面呢，法布尔继续观察和实验。他把大沙蜂的猎物保存了一个多月，猎物身上却仍旧色彩鲜艳，肢体和关节柔软，内脏依旧完好，用放大镜看，也看不出有些微的损伤。

摆在眼前的是不是一具真正的尸体？只有有生命的东西，才能维持身体组织不腐败！不但不腐败，并且还仍旧会排泄，直到肠子里一点东西都没有为止。法布尔还用电池来做试验，刺激这些被沙蜂"杀死"的昆虫，它们的脚也会抖动。这究竟是怎么回事呢？秘密原来是这样的：

沙蜂用大颚咬住象鼻虫的鼻子，两个前腿猛压着象鼻虫的背部，使象鼻虫的腹部的关节张开一些。然后，它把尾部弯向象鼻虫的腹部，用毒针对准象鼻虫的第1对腿和第2对腿之间，即前胸的关节缝上，很快地连刺两三下。立刻，象鼻虫触电一般地倒下去不动了。刺过的地方简直看不出一点儿伤痕和渗出一点儿液汁。原来，刺中的地方，是猎物的神经中枢。由于猎物的神经中枢被破坏了，所以，猎物虽然还没有被最终夺去生命，却变成了"植物虫"，不吃不喝，一动不动。这样，沙蜂的幼虫就能吃到没有任何气味，没有一点儿腐烂的新鲜肉了。沙蜂虽然没有人类的智慧，但是它对猎物施行手术的精确程度可以和任何一个优秀的外科医生相媲美。

　　沙蜂的猎物是披着坚甲的昆虫，沙蜂用的手术刀就是它自己身上的毒针。这是一个非常纤细的武器，遇到角质的坚甲，怎样刺法呢？只有一个部位可以刺进去，这就是关节之间的部位，那里仅有柔软的薄膜覆盖着。但是昆虫身上有许多关节，并不是随便选择一个关节之间就可以的。为了避免猎物长久挣扎而弄断沙蜂的"手术刀"，为了避免进行多次手术而杀死猎物，手术必须一次成功。沙蜂可没有学过什么昆虫解剖学的知识，但它却能够以闪电般的速度，一下子就把毒针刺在象鼻虫的神经中枢上。

昆虫的神经系统是怎样的呢？它的神经中枢又在哪儿呢？人们也许会脱口而出：在头里，然后沿着背中央一直下去，像哺乳动物的脑和脊髓一样。不，恰恰相反，昆虫的神经及神经中枢不是在头和背上，而是在腹面中央，有3个相隔或远或近的神经节，通过胸腹而到末端。沙蜂的毒针只有在这个地方刺进去才有效。有的昆虫神经节靠得很近，甚至相连，沙蜂只需刺一两下就可以了；有的离得稍远一点，就得闪电般地连刺3下了，这可是需要真功夫的。

法布尔通过进一步的观察还证明，沙蜂的幼虫在食用甲虫时，先吃掉甲虫无关紧要的部位，最后才吃紧要部位。所以，直到甲虫被吃完时，虫体仍然新鲜。

观察的结果使法布尔自己也十分惊讶：原来迪富尔观察得不完全、不彻底，结论也不确切。于是，法布尔根据自己对沙蜂的研究，写了一篇题为《沙蜂的习性及其幼虫所取食的甲虫不腐败的原因》的论文，对迪富尔的著作做了补充。论文在《自然科学杂志》上发表以后，立刻引起了科学家的注意。他受到了法兰西学院的表彰，并且获得了一笔实验生理学奖金。这对以教师为职业的业余科学工作者法布尔来说，真是难得的荣誉。迪富尔看了法布尔发表的论文，给法布尔写来一封热情洋溢的信。迪富尔在信中说：

"我疏漏的地方，完全被您发现了。您取得了优异的研究成果……"

迪富尔热情的话语，使法布尔内心受到极大的鼓舞。法布尔以惊人的细心和毅力，对昆虫世界继续进行着观察和研究。为了观察昆虫，发生过不少戏剧性的事情。有一次，他躺在地上观察一种昆虫，那种专心的样子，引起了一个巡查的怀疑，对他喊道：

"喂！你在这里干什么？"

法布尔对巡查解释了好长时间，那巡查才没有拘留他，但还是警告法布尔说，最好还是不要出现在这一带。离开时还自言自语地嘟囔着说："莫名其妙，莫名其妙！"

法布尔用毕生的精力观察着，思索着，记录着。连续12个小时观察甲虫，在他是平常，而又平常的事情。他从第一次观察蜣螂，到最后做结论，经过了30年之久。为了观察昆虫的习性，他曾多次被毒虫咬伤。

是的，观察很艰苦，没有一种献身精神是万难做到的。

法布尔有了实验室之后，总是在晨曦初露时就走到野外实验场，在种满丁香的小路上边走边沉思默想，然后再走回家，在露水还未干时就一头钻进实验室，一直不出来。有几次，黄莺在外面歌唱，法布尔大发脾气，拿起枪来，走到树下，一声轰响，赶跑黄莺。

其实应该感谢黄莺，是黄莺啼叫，使他得到短暂的休息，否则真会累坏了他。刚从实验室走出来的法布尔，脸色苍白，两颊凹陷，十分疲劳。

法布尔为观察昆虫习性而付出的艰辛，使不少学者为之感动。比法布尔大14岁的达尔文称赞他是"举世无双的观察家"。

揭示昆虫世界的秘密

　　法布尔用艰辛的劳动，向人们揭示了昆虫世界的许多秘密。

　　在动物世界中，最叫人类难以理解的，是千奇百怪的动物婚恋生活。

　　根据法布尔的观察，蜘蛛的恋爱结婚是这样的：一群求爱者众星捧月般地围着蜘蛛小姐，一边献殷勤，一边不停地跳舞，拼命地表现自己。蜘蛛小姐则面孔冷冷的，纹丝不动，一副高傲、毫不动心的样子。其实，它是在冷静地观察着挑选着自己的意中人。等到把围着它跳舞的十几只雄蜘蛛折磨得差不多了，蜘蛛小姐才选中了其中的1只，允许这只雄蜘蛛随它进洞房。新郎乐昏了头，它怎么也想不到在巨大的幸福后面，隐藏着更巨大的悲哀。在洞房里，蜘蛛小姐刚和新郎亲热完，就一口把新郎的脑袋给吃掉了，紧接着又把新郎的残骸吃掉，非常干脆利索，一点也不剩。

除了蜘蛛，蝎子、螳螂也有类似行为。法布尔注意到蝎子的这种习性时，已经是他晚年的事情了。

那是1904年4月25日，在析里尼安村，已经年迈的法布尔正在自己家的院子里。

法布尔在窗前的地上，铺了一层沙，又放了一堆花盆的碎片，还做了一个很大的玻璃罩，把花盆的碎片连同一些蝎子全都罩在里面。法布尔在玻璃罩前整整等待了一天，但蝎子全都悄悄地躲在花盆的碎片下面。夜幕低垂，蝎子开始活跃起来了。早春的夜晚，冷气袭人，一阵风吹来，使人不禁打几个寒噤。夜晚，虽然寒冷，但它却是昆虫学家的黄金时刻。是的，寂静可以让人思想集中，无边的夜空可以叫人思维开阔，闪烁的星星可以使人瑰丽的幻想任意飞翔。有多少惊人的发现和不朽的著作曾在柔和的灯光下诞生；有多少创造者的完美构思完成于万籁俱静的午夜时分；当然，更有许多令人荡气回肠刻骨铭心的人生往事，再现于夜风习习之中。

灯光下，法布尔发现玻璃罩内，雌雄两个蝎子经过一段时间的"感情培养"之后，雌蝎子就顺从地跟雄蝎子走了。雄蝎子钻进了法布尔放的那堆花盆碎片里，并且用脚掘着沙土，用尾巴把掘出来的沙土扫开。终于，它在碎片下面挖好了一个洞穴，然后出来，把耐心地等在外面的雌蝎子慢慢地拉了进去，两个蝎子都不见了。它们进了洞房，结婚了。

第二天早晨，法布尔揭开了玻璃罩，仔细查看，发现那位已经成为太太的雌蝎子还在花盆底下，平安无事。它那瘦小的丈夫呢，也还在，但是已经被杀害，一小半已经被吃掉了：脑袋没有了，一个胳膊两条大腿也不见了。蝎子太太的食量不大，只把自己的丈夫吃了一半。当夜幕再降临的时候，蝎子太太给自己的丈夫举行了一个体面的葬礼，那就是把它吃得干干净净。

面对此情此景，法布尔陷入了深深的思索。

人类对于某些动物的这种婚恋行为，是难以理解的。其实，这是它们延续种群的需要，是动物生存本能的一种表现。同时，这也是自然界的一种平衡。整个宇宙是一架精密的天平，宇宙中存在的每一事物，大到某个星球，小至一棵小草，都是这架天平上的砝码，失去了一个砝码，或者多了一个砝码，天平就可能失去平衡。有些动物，如蜘蛛、蝎子，它们洞房之夜之后，极需营养，这样才能保证腹中的后代顺利发育生长，所以新娘就"就地取材"，把自己的新郎吃掉，这是它们延续种群维持平衡的方式，是受本能驱使的。人类就不同了。人虽然源于动物，但人类会劳动，有意识，能思维，能制造食物，人类维持平衡的方式和动物不同。

想到这，法布尔依稀记起有一位同时代的伟大哲人曾讲过：人类的动物本能已经被"文化"所淹没了。还讲过：饥饿总是饥饿，但是使用刀叉吃熟肉来解除的饥饿不同于用手、指甲和牙齿啃生肉来解除的饥饿。

特别重要的，是人有情感。如爱情这种神圣的东西，只为人类所特有，在动物那里是永远不会有的。说什么昆虫的"婚恋"，那不过是一种比喻。

群星闪烁，弯月害羞地钻进树叶里藏起来。给丈夫举行完葬礼的蝎子太太，早已躲进了花盆碎片底下。院子里，那些稠密的白杨树叶子，在夜风中像是一条流水，日日夜夜，沙沙作响，法布尔思绪的河流，也在流淌着，记忆深处的帆船，顺着河流飘过来了。

他想起了许多自己发现的，令人类叹为观止的昆虫的行为。

埋葬虫是一种黑色的甲虫，有一些埋葬虫身上带有红斑。

路旁躺着一只死了的小鸟。可是过了一天，这死鸟突然不见了。是谁把它弄走了呢？是埋葬虫把它掩埋起来了。

法布尔想起自己曾用一系列的方法阻碍埋葬虫顺利地进行工作，可是它们却破除重重障碍，把一只死鼹鼠埋了起来。他先把死鼠绑在一根横棍上，棍子架在两个小杈上，死鼠虽然挨着地，可是掉不下去。埋葬虫找到死鼠后，先在死鼠周围挖个坑，然后，一只埋葬虫爬上了鼠体，发现了绳子，用嘴咬断了绳扣，死鼠的一头掉进坑里，另一头却斜挂在棍上；埋葬虫又找了半天，终于找到并咬断了另一个绳扣，这样才把死鼠埋起来。

埋葬虫为什么这样千方百计地要埋葬鸟、鼠等死动物呢？原来，这是它们繁殖后代的一种方式：它们在埋下的动物尸体上，产下了卵，不久孵化出来的小幼虫，就可无忧无虑地吃着它们的父母早给它们准备好的食物，迅速成长起来。

　　切叶蜂，身上长着切割用的毛刷，用数学般精确的尺度，从刺槐等树上把树叶切割成椭圆形的小片，做成蜜罐，用来盛蜜产卵。小片的尺寸精确，分大小两种。小片用来填充大片之间的空隙。蜜罐做成了，再做罐盖，也是用树叶，是圆形的。画圆，一定得按几何法则，有一个圆规那样的东西才好，但切叶蜂不用圆规，没有模型，竟毫不费力地迅速准确地切下一块块圆片。那是绝对圆的。最神的是半径控制得好，罐盖的大小和罐口完全吻合，真是天衣无缝。盖子太小，盖起来会滑到罐里，掉到蜜上，压着卵，太大，当然也不合适。切叶蜂做成一个蜜罐，得用1064块椭圆形和圆形的叶片。

　　切叶蜂制作蜜罐的本领惊人，而蜜蜂在辨别方向方面也是本领高超。

　　为了验证蜜蜂的这种本领，法布尔在蜂箱里捉了40

只蜜蜂，在它们的背上做了白色的记号。这项工作必须得小心翼翼地做，稍一不慎，蜜蜂就会受伤。但是，还是有20只蜜蜂受伤了。

法布尔记得自己那时带着蜜蜂往北走出去4千米，然后放飞。这些蜜蜂，一得到自由，就毫不犹豫地向四面八方飞去。不一会儿，一部分蜜蜂飞得摇摇晃晃的，最后落在了牧草上。原来，这是那20只受伤的蜜蜂，为了法布尔的实验，它们再也不能返回家园了。

不久，乌云密布，刮风了，是从南方吹来的顶头风。蜜蜂还能够返回蜂房吗？

当法布尔回到家里的时候，女儿阿格莱告诉他，有两只蜜蜂已经在14点40分飞回来了，并且身上还满载着花粉。也就是说这两只蜂，一边采花粉，一边返回，用了3刻钟的时间。

紧接着，法布尔亲眼看到又返回了几只蜜蜂。

天晚了，剩下的那些，看来命运不佳。

第二天清晨，法布尔检查蜂房，发现所有的蜜蜂全都回来了。

它们的这些本领都是从哪里来的呢？

法布尔记得很清楚，他逮住过一只蜘蛛，那蜘蛛已经掘了个地洞，有2—3厘米深。他把蜘蛛放在它掘的洞穴旁边，那蜘蛛就回到原洞里往下掘了。要是把它放在没有洞的地方，它就不知怎么办才好，它不懂得从头做起，也没有蜜蜂那样识别方向的本能。蜜蜂也是这样，到了采蜜填蜂窝时，如果先把蜂窝用蜜给填满了，那蜜蜂也还是把酿得的蜜往上注，全然不顾蜜早已经漫过了窝边。

　　蜘蛛用丝织一条地毯，就在地毯上产卵，然后把地毯的四边卷拢来，成为一个圆球。它不论到哪里，都带着这个心爱的球，歇息、行猎……总是球不离身。要是不巧，拖球的"绳子"断了，它就发疯似的扑到这个心肝宝贝上，又是心疼，又是一副为了保护心肝，随时准备和人拼命的样子。平时，它用后脚举起球对着太阳，一举就是好几个钟头，并且还不住旋转，让球四面都能见到阳光。

　　用钳子把球抢走，它就和钳子拼命；给它一个别的蜘蛛的卵球，它也欢天喜地；给它个毛线球，它也照样高兴。

当然，蜘蛛并不是昆虫，是节肢动物。还有蝎子，也是节肢动物。但是，却也还是把它们也写在《昆虫记》里面了。

"也许，这会引起没昆虫学知识的人们的误解，应该特别加个说明才好。"法布尔想，"但是，不能因为牧羊人主要是牧羊的，就把他放牧的牛马也说成是羊啊！"

不过，无论是昆虫也好，还是节肢动物也好，它们拥有的使人类惊叹的本领其实都是一种本能，是动物在世世代代适应环境过程中形成的。并且，这种本能行为在遗传基因中进行了程序化和固定化的定型。

夜，已经很深了。法布尔思绪的河流，流淌着，流淌着；记忆深处的帆船，飘过来了，飘过来了。正在回忆的老人是否知道，他当年的那些发现，为遗传学家、心理学家、教育学家、哲学家的深刻的思考，为他们的深入的研究，提供了多么好的材料！

巴斯德的访问

1865年6月的一天，法布尔家的门被敲响了，一位不速之客来访问法布尔。

这位不速之客，就是被称为法国当时第一伟人的巴斯德，他是大名鼎鼎的化学家、微生物学家。他的发明不胜枚举，他的发明救了无数人和动物的生命。

这次，巴斯德是为了防治流行的蚕病来到法布尔这里的。巴斯德直截了当地说：

"我从来没有见过蚕茧，只晓得这个名称，我想先看看蚕茧。"

"好。请您稍微等一下，我就去找几个来。"

蚕丝是法国的主要农产品之一。可是近几年来，法国南方的蚕染上了一种流行性传染病，得了病的蚕不吃桑叶，身上还出现一个个小斑点，然后大批地死去。为了治好这种蚕瘟，人们把各种想得到的医治方法都试过了，但还是毫无效果，蚕还是大批地死去。这种情况如果继续下去，蚕农生活就会继续恶化，甚至也许会因此而引发社会危机。同时，法国政府也因此要损失一亿法郎的收入。

巴斯德的老师仲马出生在养蚕区，他对于农民因灾害所受到的痛苦，有深刻的体验，他同情他们。他想到了自己的学生巴斯德，就希望他来挽救法国的养蚕业。

巴斯德这时正忙着研究化学，他没有时间。

学者、科学家想要出成果，需要许多条件。其中一个至关重要的条件，就是时间。时间意味着认识、揭示事物本质的漫长过程，意味着科学家在这漫长过程中的耐心等待和不懈努力，意味着长期的深刻思考，意味着继续着枯燥的计算、重复着单调的实验。

时间在以冷峻的目光观看着一些人的轻歌曼舞；时间在以焦灼的心情等待着科学家、学者们的成果。

集中时间进行研究和实验对于科学家、学者来说是很重要的。

实验进行中，思路一旦被打断，常常前功尽弃，还得重新开始。

所以，巴斯德不希望把工作停顿下来。

更关键的，是他对蚕一无所知，连蚕长什么样都不知道。去救助溺水者，救人者自己不会游泳，又没有救护工具，这看起来几乎是不可能了。

巴斯德认为自己缺乏这方面的知识，他对老师说：他担任这个工作不合适，也许对农民不会有帮助。

"你对蚕一无所知，这更好。因为这样你就不会有条条框框，你可以凭借自己的调查和研究，去认识蚕，并做出成绩来。你在发明防止葡萄酒变坏的方法之前，不是对制酒也一无所知吗？"

在人民和国家的利益面前，巴斯德被说服了。

巴斯德从仲马那里回来，兴奋地对自己的学生迪克洛说：

"你可知道，我的老师刚才要求我做什么吗？他要我到南方去，研究蚕病，挽救养蚕事业。"

"老师，您并不了解蚕啊！另外，南方能提供实验室吗？"

"南方虽然没有实验室，但是我听说南方有一位法布尔，是研究昆虫的。我想我可以先去找法布尔先生。"

就这样，巴斯德一到南方的阿维尼翁，就来找法布尔。

法布尔急匆匆地回来了，口袋里装满了蚕茧。

巴斯德拿起一个，两个手指捏着，翻来覆去地摆弄，好奇地看着，还把它放在耳朵边摇摇，听听。他惊奇地说：

"里边有东西吗？"

"当然有。"

"是什么东西？"

"里边是蛹。"

"蛹又是什么样子的？"

"是一种木乃伊似的东西。蚕先变成蛹，蛹变成蛾，然后蛾再下卵。"

"每个茧子里都有这样的东西吗？"

"当然都有了。蚕结茧子就是保护蛹的啊！"

"哦，原来如此。"

法布尔详细地讲述了蚕的知识。巴斯德辞别了法布尔后，就继续去调查研究了。

这时候，蚕瘟已经存在20年了。在这以前，法国和意大利的科学家都曾经为扑灭蚕瘟做过许多努力，可是毫无结果。巴斯德经过反复的实验，终于查出了蚕瘟的原因是由于弧状细菌和微粒子的侵染，并且想出办法挽救了无数的蚕，也挽救了法国的蚕丝工业。法国的养蚕地区，恢复了过去的繁荣。

古希腊的运动员是赤裸着身体上阵比赛的，巴斯德这位足智多谋的科学家与蚕瘟搏斗，也是匆匆忙忙赤膊上阵的。他连最简单的昆虫知识都没有，却把蚕从灾害中挽救出来。

这件近乎天方夜谭式的事实，使法布尔受到了极大的触动。当年摩根·唐东的指点、迪富尔关于沙蜂的著作，就像是火花点燃起法布尔的内心之火；而巴斯德的榜样，则在火上增添了燃料，使柴薪烧得更旺。否则，火样的热情也许会变得冰冷，火焰也许会熄灭。

法布尔满怀激情地写道："巴斯德这种高贵的精神鼓励了我。我要顽强地面对着我的研究对象，想尽办法让它讲出它自己的本来面目。"

教育总长的赏识

　　阿维尼翁县政府的议事大厅里，总督、县长和其他官员，正在盛情欢迎一位国家大臣。

　　这位大臣听完地方的情况报告后，有礼貌地谢绝了人们的陪送，一个人走出了议事大厅。

　　这位大臣，就是历史学家、教育家、法国政府的教育总长迪律伊。

　　他要去找一个人。

　　两年前，他做督学时，视察过阿维尼翁公学。有一个人，给他留下了深刻的印象。那个人，讲课深入浅出，富于想象，方法又生动活泼，作为督学的迪律伊，很受启发。他记住了那个人的姓名——让·亨利·法布尔。现在，迪律伊正是要去找他。

法布尔此时正在一间简陋的屋子里忙碌着。由于微薄的薪水不够一家人的开支，课外，法布尔不得不放下对昆虫的研究，去替人家补习功课，但这也是杯水车薪。为了摆脱贫困，也为自己专心研究昆虫创造一点条件，他想发明一种廉价的染料。现在，他在这个房间里做的，就是染料实验。他两只手在木桶里操作着，染得通红。

突然，闯进来一个人。

法布尔觉得这个人很面熟。两年前，曾经有两位督学先后视察过阿维尼翁公学。先来的是科学督学。他查看了一些学生的作业，又召集教师到校长室去听训话。他板着脸，装腔作势地讲了一些苛责的话。法布尔边听他训话，边在教案本上画了一只叫"斑蝥"的昆虫。这种小虫，农民都叫它"放屁虫"。接踵而来的是文学督学。这位文学督学风度翩翩地出现在大家面前，得体的服装使他那修长、匀称的身材显得庄重而洒脱；挺直的鼻梁，线条分明的嘴角，使人想到罗丹泥刀下的作品；蓝色的眼睛，使人想到海的深沉和晴空的热情。总之，这位督学浑身上下充满了40岁男人的那种独特的魅力。

这位督学，就是现在站在法布尔面前的迪律伊。

教师们听了迪律伊充满热情而又生动有说服力的演讲，都认为他与上次来的督学决然不同。如同迪律伊记住了法布尔一样，法布尔也记住了迪律伊。不久，他又从政府公报上知道，迪律伊当上了内阁大臣，升任教育总长了。

法布尔没有想到，这位大人物竟然会光临他借来用作实验室的破烂不堪的房间。一时间，他手足无措，不知说什么是好。

倒是教育总长先开了口：

"我是来视察阿维尼翁的，这会儿有点时间，特地来看看你的实验室，跟你谈谈。"

法布尔慌张地说：

"我只穿着衬衫，两只手染得这么红，真是抱歉！"

"不必抱歉！我就是要在你工作的时候见见你。你在干什么？"

法布尔简单地说明了他正在研究的课题，并且当着迪律伊的面，用茜草红染料做了一个小试验。

迪律伊看了很惊奇，说：

"我对你的研究很感兴趣，当然也很同情你。我愿意帮助你。你的实验室缺少些什么？需要什么？"

"不，总长先生，我不缺少什么。做这些小实验，这些设备够用了。"

"难道你什么都不缺？"

迪律伊向四周看了看。在这间破旧的实验室里，放着法布尔自己制作的各种简陋的工具。

"换了别人，也许会要这要那。你真是个少有的人物。你说你什么都不缺，依我看，你这些设备太简陋了；可以说你什么都没有。你难道真的什么都不需要吗？"

"我只需要一件东西。"

"什么？"

"我只要能握一握您的手，就感到十分荣幸了。"

"朋友，手在这里，握吧！我是真心诚意的。但这不够，你应该老实地对我说，还需要什么？"

法布尔不好意思再直接拒绝了，就说了一句俏皮话：

"总长先生，我极愿意接受一样东西。在您管辖的巴黎动物园里，如果那里的鳄鱼死了，请把鳄鱼皮给我，我将把它制成标本，挂在墙上。有了这个装饰品之后，实验室就像样了。"

迪律伊笑了，说：

"以前只知道你是个生物学家，现在我知道你是个化学家。我听说你搞的小虫儿很有意思，很想见识见识。可是现在我要赶火车，来不及了。你能陪我上车站去吗？我们边走边谈。"

在去车站的路上，法布尔谈到茜草染料，谈到昆虫，谈到生物方面的经验……他的腼腆消失了，连他想当大学教授这件内心秘密都告诉了迪律伊。一位自然科学家与一位社会活动家，就这样结成知己了。

走进车站，法布尔吓了一跳。来欢送这位总长的人有一大群：总督、县长、议员、督学，还有其他官员，站成一个半圆形，朝教育总长鞠躬致敬。他们看见法布尔这个穷小子跟教育总长谈得这样亲热，都惊奇得很。法布尔站在迪律伊身旁，也感到很尴尬，他真想逃走，可是来不及了。法布尔呆呆地站着，把一双被染料染红的手藏在背后。迪律伊发现了，一下子把他的手从背后拉了出来并高高举起。他朝着众人高声说：

　　"我请你们看看这双手，这是一双值得骄傲的手，这双手能够做精巧的实验，能够操纵昆虫解剖刀，这是一双使我永远不会忘记的手。"

　　迪律伊走了。

　　列车划开从山上延伸下来的青葱树林，终于消失在深谷里。法布尔靠在一棵枝叶繁茂的大树上，远望山岭。那山岭一层比一层淡，有一队大雁，正飞向天边。

　　真情和友谊浇灌的树木，为法布尔的坎坷人生历程提供了一片歇脚的阴凉，使他漂泊不定的心在不屈的奋斗中前进。

　　这时，是1869年。

　　法布尔这时在昆虫学方面的研究已经取得了相当的成果，并曾获得了法兰西学院的实验生理学奖金。

　　6个月以后，法布尔收到迪律伊的一封信，叫他到巴黎去。法布尔担心自己会被调到巴黎去当老师，跟他研究的野外昆虫分离，因此婉言谢绝了。很快，迪律伊又写了信来，信中只有这样一行字：

"马上就来！如果你不来，我要叫宪兵带你来！"

法布尔只好到巴黎去了。24小时以后，他已经坐在法兰西教育总长的办公室里了。迪律伊亲切地招待他，对他说：

"以前你拒绝我的化学仪器，但是这个，你是无法推辞了。"

说罢，他把一张《箴言报》展开在他面前，报上登着法布尔的名字。原来，法国政府已经任命他为勋级会会员，这是一种很高的荣誉。勋级会是法国的一种荣誉组织，只有对于国家有重大贡献的人，才能由政府任命为勋级会的会员。

举行过授勋仪式之后，法布尔在法兰西学院举行了几次演讲。简直没有一个人能像法布尔那样把千变万化的自然现象解释得那么完全，那么清楚；把科学原理讲得那么深入浅出，那么生动有趣。他那对大自然具有浓厚情感色彩和深刻见解的演讲，极富吸引力。他的演讲场场爆满，巴黎的人们不愿意放过这个学习的好机会。这种盛况，使迪律伊也特别高兴。

很快，法皇拿破仑三世听说了这种情况，他立刻生出强烈的好奇心，想见一下这个与昆虫打交道的人。

在皇宫，侍从把法布尔领到一间接见室里。那些侍从套着棕色的外衣、马裤，穿着镶银扣子的靴子，走起路来腿脚笔挺。法布尔突然想到了生着鞘翅的甲虫，他觉得这些侍从和甲虫像极了。这样一想，刚刚踏进皇宫时的那种紧张反倒没有了。

拿破仑三世出来了。啤酒桶似的身体，很圆的脑袋，长长的八字胡子，半闭着眼睛，一副没睡醒的样子。他的身上，除了一条宽阔的红绶带横围在胸上显得比较耀眼外，看不出什么威仪。他向法布尔问了斑蝥的变态等问题，法布尔尽自己所知做了回答。

法布尔没有想到的是：拿破仑三世想让他留在王宫里做宫廷教师。一条飞黄腾达、宝马香车的路展现在法布尔眼前了。

皇帝没有想到的是：法布尔不愿意接受这个职务。

拿破仑三世大惑不解，他说道：

"随便出入王宫，这并非人人可以；而做王子的老师，更是莫大的荣誉，这难道不是你梦寐以求的吗？"

"尊敬的陛下，宫殿虽然比我的房舍富丽堂皇，但乡下的空气要比宫殿里新鲜！我宁愿终生做昆虫的朋友！"

女子科学讲座的风波

1870年，巴黎公社起义前夜的法国，在不安地震荡着。

仿佛已经预感到法兰西第二帝国的大厦即将坍塌，正统派蠢蠢欲动，企图支持波旁王朝复辟；奥尔良派也企图卷土重来；教会势力正在和各种反动派勾结。

阴云，也悄悄地向阿维尼翁笼罩过来。

但是，浪漫的姑娘们太单纯，年青的妇女们太善良，她们丝毫没有觉察到要变天。这一天，她们还是像往常一样，纷纷涌向圣马谢尔古教堂，她们是来听法布尔讲自然科学知识的。一阵阵银铃般的笑声，惊飞了教堂屋顶上的一群群白鸽。间或，也有几个小伙子挤进教堂。奇怪，几个穿长袍的教士和几个士绅也来了。他们平时，对科学是一点也不感兴趣的。

最近这一段时间里，法布尔在圣马谢尔古教堂里开设了市民夜校和女子科学讲座，由他主讲物理和生物，每星期各讲两次。工人、农民、商人和青年妇女都渴望学习，谁都不愿失去这个好机会。法布尔向他们讲空气和水是什么；雷和电是从哪儿来的；使用什么样的装置，才能通过一根金属丝，把消息传到世界各地；火是怎样燃烧起来的，人类又是怎样学会使用火的；我们为什么要呼吸，种子怎样能发芽，花儿怎样会开放……

他那渊博的学识、出众的口才，吸引了越来越多的人。每次他演讲，教堂里都拥挤不堪，过道中站满了人，窗台上也坐满了人。每次演讲结束，人们总围着他问这问那。上次演讲结束后，一位姑娘结结巴巴地说：

"法布尔先生，我想问一个问题，可以吗？"

"有什么不可以呢！小姐，请说吧。"

姑娘一副微羞的神态，引起她的同伴们嘻嘻地笑了起来。

"是这样，法布尔先生，是她们……都想知道，按您所讲的，植物也像人一样，有男有女吗？"

"轰"的一声，人们大笑起来。不少人弯着腰，笑出了眼泪。笑声中，有人喊道：

"那叫雌雄，知道吗？"

法布尔也笑了。

姑娘着急地解释起来：

"……我是想知道，只有雌或雄能不能生长出下一代呢？"

法布尔不笑了，说：

"当然能！那叫无性繁殖。比如杨树的插枝；再比如，你们经常要采摘的葡萄，用压枝的办法繁殖，也是属于这一类呀。"

"啊，原来是这样。法布尔先生，那您下一次详细地讲一下好吗？"

大家七嘴八舌地提出了要求。

法布尔今天的讲座，就是重点讲植物繁殖的。

讲座已经进行了一半，高大的古教堂里，只有法布尔清朗的声音在回荡。

突然，一个粗野的声音喊了起来：

"这是魔鬼的邪说，我们不要听！"

一时间，教堂里鸦雀无声，仿佛空气凝固了。人们愕然了。

这时，窗台上又响起了一个怪腔怪调的独立日：

"女士们小姐们，听他胡说还不如陪我去赛马场去看赛马呢！"

一听声音，人们就知道是城里的一个无赖，平时他总爱跟一帮纨绔子弟出入酒馆，但是又经常被那帮人给轰出来。

人们又气又恼，指责声四起，不少人喊着要把捣乱者赶走，教堂里一下子变得乱哄哄的。

这时，一名教士走上了讲台，手里拿着一个信件。人们静了下来，眼睛盯着前面的讲台。

"法布尔先生，这是教会给你的抗议书。法兰西的忠实子民们向你抗议，你的邪说，是对神灵的亵渎。"

"不，牧师先生，让人民了解科学，正是法兰西的需要。"

"可是你让妇女知道植物的生殖作用，这样将有伤风化，会使社会堕落。"

教士又转向大家高声问道：

"女士们，特别是小姐们，请问，你们想了解植物的生殖作用，目的何在呢？"

谁都能听出他的话外之音，妇女们又羞又气，抗议声四起。法布尔气极了，大声喝道：

"住口！不许你胡说八道。科学讲座是政府提倡的。"

"哈哈！可怜的法布尔先生，你还不知道，拿破仑三世陛下已对内阁进行了改组，你的后台和支柱，那个教育总长迪律伊，已经被革除了一切职务。我今天来，就是要告诉你这个'好消息'的"。

那个教士在说到"好消息"这个短语时，特地加重了语气。

法布尔明白了，这一切都是事先布置的。怪不得今天的讲座，有一些平日里对此丝毫不感兴趣的人也来了，并且还来了一些教士。不过，这个狂妄的教士所说的，也的确使法布尔心头为之震动。

听了这个消息，大家也都愣住了，讲堂里又一次鸦雀无声。

这一次讲座，就这样被画上了句号。并且再也没有举办了。

法布尔和人们一起，走出了教堂。法国南方的夏季，天气多变。早晨还阳光明媚，现在却零零落落地下了点小雨。人们急忙跑散了。

教堂里，几个士绅、无赖和教士们还没有走。他们显出满脸得意的神色。曾坐在窗台上那个怪腔怪调的无赖，现在弯着腰，一副取宠献媚的样子。

一个教士说：

"啊，魔鬼终于走了。主啊，原谅这个无师自学的怪物吧！"

"原谅？怎能原谅这个魔鬼呢！除非他向教会投降。"

"先生们，他是不会投降的。难道你们还看不出，这小子外柔内刚，绵里藏针。平时总是装出一副温文尔雅的样子……"

"对！还有些腼腆。"

那个无赖急忙迎合了一句。

"滚！还轮不到你说话。……可是实际上，他是个狂妄的家伙。他经常和那些没有教养的穷小子们在一起，不把我们这些上流社会的人放在眼里。诸位想一想，难道他会投降吗？"

"正是这样。这个家伙平常温和善良的样子，可一发起火来，其实是很凶的。听说冬天时，在教室里，不知为什么生了气，当着大家的面，他一脚把炉子踢翻了！"

"这是个破坏社会秩序的危险分子。神灵应该给他更大的惩罚！"

"对，惩罚他！"

一片恶毒的附和声。

在圣马谢尔古教堂里，一个阴谋在筹划着。

这一天，从圣马谢尔古教堂回来的法布尔，坐在桌前一声不响。

他知道，教会势力在法国的一些地方，尤其是在阿维尼翁这一带，势力特别大。他们反对一切改革，仇恨进步。但是，在此之前，法布尔还不知道教会早已和其他恶势力联合起来，多次派人到议会去抗议，对迪律伊和他的新举措进行毁谤和阴谋活动。迪律伊和他的支持者们大刀阔斧地改革法国中、小学教育，主张妇女应该和男人一样接受教育，掌握科学知识，并且委托法布尔在阿维尼翁举办科学讲座。如今，他却被阿维尼翁的教会联合其他地区的教会和所有的恶势力给哄下了台，这真是令人气愤！

"今后，科学讲座是不能举行了，"法布尔想，"但是还有公学这个讲坛。"

他想，在学校里，他还可以照样宣传科学，向学生传授新知识。这时他想到他教过的学生：法院审判员比利奥、医学博士博尔德、大学的动物学教授维谢尔……他们都已经成材了。还有一件事令他安慰，平衡着他的心理，那就是，他研究的茜草染料，已经成功，马上就会有最后的结果了。法布尔又充满了信心，他自言自语道："我决不向他们投降！"

就在法布尔沉思默想的时候，同事们也都互相交换着眼色，他们都听说了科学讲座上发生的不愉快事情。这时，校长手里拿着一张报纸，也微微地低下了头。

法布尔课讲得好，不少在别的学校成绩不太好的学生，到了他这里，也能很快转变过来。这些，同事们有目共睹。并且，在同事们的眼里，法布尔温柔、机警、纯朴、活泼。

　　但是内心里承认，不等于不妒忌。他课上得好，同事们觉得这无形中就是对自己的贬低。尤其是法布尔又过于正直，不会笼络人，对有背景、有官衔的人，冷淡得很。又憎恶依仗权势钻营者，这就使热心此道的人说他是"傻瓜"。

　　但是在今天，法布尔遭到了打击，同事们平时的这些阴暗心理全都消失了，只剩下了对法布尔的同情，也有为他愤愤不平的。

　　还有一件不愉快的事情在等待着法布尔呢！大家望着校长手里拿的那张刚到的报纸，都想，这可真的应了"祸不单行"那句话了。

　　为了摆脱贫穷和实现当大学教师的愿望，法布尔实验研究从茜草中提取红染料。他苦干了3年，终于成功了。这种染料，既可用于印刷，又可用来染布。有些布厂试用以后，十分满意。法布尔就要改变贫穷的处境了！

终于，校长把手中的报纸递给了法布尔，他不忍心告诉他，但又不能不告诉他。

法布尔一眼就看清了报纸上登的一条消息：

德国化学家格雷贝尔和利贝曼从煤里提取茜素获得成功！并且成本更低廉，已经大批量投入生产了。

完了，摆脱贫困的希望又一次搁浅了。法布尔只说了一句话：

"多年的辛苦，都化为泡影了。"

几天过去了。双重的打击，使法布尔憔悴了许多，人们甚至怀疑：如果再有什么风吹草动，法布尔是否还能够挺得住？

是的，很少有科学家的道路是一帆风顺的，却有不少科学家遭受过打击和迫害。此前247年前的罗马宗教法庭，一群身着黑袍道貌岸然的上帝的卫士们，正杀气腾腾地威胁着疾病缠身的伽利略："本法庭庄严宣布，如果你不放弃哥白尼的邪说，你就将被处以火刑……"

又过了23年，罗马鲜花广场的火刑柱下，罪恶的大火已经熊熊燃起，火刑柱上，绑着一个伟人。声音嘶哑的刽子手高叫着："你的末日已经来临，还有什么要说的吗？"一个高亢而坚定的声音回答道："黑暗即将过去，黎明即将到来，真理终将战胜邪恶！你们对我宣读判词，比我听到判词还要感到畏惧！"这是布鲁诺被烧死前留给人类的最后声音。

历史真是有许多相似之处，但无论如何，科学不会向恶势力投降。

法布尔没有停止工作。不过，他更加沉默寡言，也不和人交往。他也根本就没有发现房东老太太那异样的神色。他不知道，教会和恶势力筹划的阴谋就要实施了。

又是几天过去了。法院里的执达员送给法布尔一份盖着公章的通知，限他自通知之日起4个星期内一定要搬出去，如果到期不搬，那么按照法律，可以把他的家具全部丢到街上去。

房东老太太逼他搬家了。房东老太太是一位虔诚的教徒，平时与法布尔一家也还能相安无事。这一下，法布尔明白了，她是受了教会的煽动和指使，这是教会和恶势力策划的整个阴谋的一部分。但是，这也是最后的一招了，无非是要把他驱逐出阿维尼翁。

法布尔几天来穿大街走小巷，他想另租一处住房。但是明明是有几处待出租的房子，就是不租给他。紧接着，就有人传话，只要法布尔向教会投降，声明一下，就一切都好商量。

　　法布尔明白了，在阿维尼翁，他是不能再租到房子了。但是，他决不屈服。他决定离开这里，到奥朗治去重新安家。这意味着，他的工作也丢掉了。

　　火车沉重地喘息着，沿着水流湍急的罗纳河，缓缓地向前移动着。居住了将近20年的阿维尼翁，终于在法布尔和玛丽，以及孩子们的视线里消失了。

　　原野里，牧羊人用那苍凉的声音，唱着一首古老的民歌：

　　云在天上飘，

　　飘啊飘。

　　白云在飘，

　　乌云也在飘。

　　白云可以占满天空，

　　乌云也可以占满天空。

　　……

我要收获大自然的秘密

析里尼安村附近有一片地，放眼望去，满目荒凉。地里尽是大大小小的石头，石头背阳的一面，长着青苔。除此之外，主要生长着一种叫小蓟的植物，俗名叫刺儿菜。它们顽强地从石缝中钻出来，傲然直立着，开着淡紫色的花。花托和长圆状披针形的叶子上，长满了小尖刺，很硬，一不小心，它就会对你不客气。所以，这种植物又叫老牛挫，连牛都怕它。

这是一片无法耕种的地。羊群不到这儿来，因为这里没有青草；牛马不到这儿来，因为它们害怕这里的刺儿菜，连孩子们也不到这里来玩。

法布尔梦寐以求的事情，是能有个野外昆虫实验场。从他19岁在卡庞特蜡斯当教师起，整整为之奋斗了三十多年。梦毕竟是幻象，它始终没有变成现实。在经常为面包而焦虑的情况下，试验场是不可能有的。

1879年，法布尔已经56岁了，析里尼安的太阳才用迟到的手，抚摸了法布尔。这一年，法布尔得到了一笔稿费，就用这笔钱，他买下了那块只长刺儿菜的荒地，总算实现了自己多年的愿望。法布尔给这块地命名为"哈马斯"，意思是无法耕种的石子地；他还买下了一所破房子，也总算结束了到处租房经常搬家的历史。

析里尼安的人们从没有听说过中国有个古老的传说叫"愚公移山"，但是却也有个"智叟"对法布尔说：

"你真傻！花钱买下这一块不毛之地有什么用？它既不能种菜，又不能收获粮食。"

法布尔笑了，说：

"我要收获的不是粮食，而是大自然的秘密。"

这块地的确让他花费了极大的力气。

必须得让这块地长出植物，没有植物，昆虫就不会来安家落户。

三叶草和蝴蝶花必须依靠土蜂来给它们传授花粉，它们才会生长茂盛。同样，如果没有三叶草和蝴蝶花，也引不来土蜂。

到野外去观察自然界的生命现象吧。在原野里或树林里可以看到那里生长着许多高大挺拔的乔木、一些枝条交错的灌木、一些生机勃勃的草本植物、一些漂亮的昆虫和其他许多动物。这些生物生活在那里，好像是偶然凑合在一起的。真的是偶然吗？

到河边去看看吧。那里生长着另一些挺拔的乔木，另一些丛生的灌木，另一些茂盛的草本植物，另一些漂亮的昆虫和其他许多动物。这些生物，也好像是偶然凑合在一起的。真的是偶然吗？

不，当然不是。毅力和勇气使法布尔成为昆虫学家中的权威，他不能受到植物的引诱而放弃昆虫，也不能把爱好昆虫研究和进行植物研究分割开来。

没有土壤，植物是不会生长的。在法布尔的这块地里，土壤少得可怜，仅仅是石头缝里有点红土。法布尔把一些石头撬开，搬走。从石头缝里掘出土，垫在地面上。搬来石头垒墙，还有一些石头，他放在适当的位置，堆在那里，好让蟋蟀等在那里安家。

做这些工作的时候，那些"刺儿菜"可让他吃尽了苦头。数不清的尖刺，把法布尔的双手和双腿刺得到处是伤。

经过煞费苦心的整理之后，"昆虫实验场"上长出了一些杂草，这当然不够。法布尔开始收集各种花卉草木，没过多久，这块荒地就变成了花园。松树、山楂树，他是在野外整棵挖起，又运到这里栽下的；紫罗兰、蛇根花、仙人掌，那都是他种下的或栽下的；迷迭香和风铃草是他翻山越岭从旺多山移来的。

法布尔一生曾攀登过25次旺多山。从山脚到山顶，他把山上各种各样植物的颜色和形状都一一记在心里。旺多山高1912米，比起中国境内的喜马拉雅山脉诸峰，当然是小巫见大巫。但是，这座山有它自己的奇特之处。特别险峻自不必说，特殊的是山上的气候，与山脚有显著的不同。山脚下暖和，有繁盛的橄榄树，山顶上，一年中却有6个月盖着白雪。攀山的过程，可以陆续看到各种区系的主要植物，犹如做了一次从南方到北方的长途旅行。有一次在旺多山上，法布尔发现有几百只胡蜂挤在一起，他正琢磨胡蜂聚集的原因时，突然从南方刮来一阵风，立刻，乌云密布，天色黑暗下来。法布尔心中一动：

"莫非胡蜂能预感暴风雨的来临？莫非它们聚集一处是为了抵御暴风雨？"

……

由于析里尼安这个地方恰好是在南北两个动植物区系的交界处，所以南北方面的动植物在这里都能够生存。而旺多山从山脚到山顶，南北植物一应俱全，法布尔熟知这一点，所以旺多山上的许多植物也给他移过来不少。

这样，法布尔的这个昆虫实验场，真就成了名副其实的花园。有些植物学家带着珍奇的植物来访问法布尔，法布尔一看就知道这是什么植物。他总是客气地对他们说：

"谢谢！这个，我的园地里也有。"

一到春夏季节，园地里百花怒放，香气扑鼻，各种昆虫穿着彩色的服装在花丛和树木间乱飞，真叫人眼花缭乱。法布尔欣慰地对人讲：

"这就是我40年来拼命奋斗所得的乐园啊！"

这位已经56岁的学者，就在这个乐园里，又辛勤地劳动了几十年。他把全部精力都倾注在对昆虫的研究上，他揭露了许多昆虫世界的秘密，完成了许多重要的研究。

永远的怀恋

1910年夏天，素不相识的人们从各地给法布尔寄来了物品和汇款。法兰西人民不愿意看着一个闻名国内外的昆虫学家，在年迈的时候仍然和贫困相伴。

面对着捆成几捆的汇票和数不清的物品、来信，法布尔心情激动，回忆的列车载着他驶回了人生旅途中的一个又一个站台。

童年期盼的转盘游戏。

罗纳河畔的流浪生活。

清贫的教师职业。

迪律伊的无私援助。

……

他想起那次女子科学讲座之后，教会势力要把他赶出阿维尼翁城，但是全家无论如何也凑不出搬家的费用，真是一筹莫展！这时，旅居法国的美国哲学家穆勒，慷慨地伸出友谊之手，给他寄来几千法郎，解了燃眉之急。

……

法布尔用了整整一个夏季，坐在一张小桌旁，把汇款和物品一一退还，来信一一作复。

他用的这张小桌子，还是他和玛丽结婚时添置的家具，它已经为主人服务了六十多年。经过主人几百万次的读书写作，它已经和它的主人一样衰老了。桌面上毫无光泽，到处是墨水的印迹和笔尖无意中留下的点点划痕。

桌子周围，地板上的漆磨掉了，围绕桌子留下一圈凹痕。这是他思考问题时沿桌子踱步踩出来的。

莫非，生命要把它的思索永留人间？

对于那些不具名的馈赠和汇款，法布尔把它们分送给析里尼安的贫苦农民。

生活，对于法布尔确实很残酷，金钱这个东西，也真的曾经百般地折磨过他。现在，这个从贫困中煎熬过来的人，却在金钱面前毫不动心，实是最可宝贵的。

时间的脚步艰难地向前迈动着。1915年，法布尔已经92岁了。5月的一天，法布尔俯身窗前。

窗外，紫金香清香扑鼻；远处，布谷鸟声婉转悠扬，析里尼安春意正浓。触景生情，法布尔想到了他的花园——昆虫实验场。这是他最心爱的地方，是他生命的一部分。由于身体的原因，他竟有两三年没去了。

他走出房门，决意要到实验场去。

啊！难道这就是他数十年心血的结晶：小径上杂草丛生，藤蔓疯长，荆棘遍地。

连紫金香都被遮盖住了。

园子里的春天被荒凉淹没了。是的，析里尼安大自然的春天迟早会过去，紫金香也将随着季节的变迁而枯萎。

法布尔一言不发，愁云爬上了老人的面颊。

回到家里，法布尔病了，从此卧床不起：

夏天带着绿色远去了，悲凉的秋风穿过窗子，在屋子里畅通无阻。这年的10月11日下午6时，法布尔因尿毒症而与世长辞，享年92岁。他留下的是为科学献身的精神和那部二百多万字的史诗般的《昆虫记》。

一个春天过去了。

又一个春天过去了。

一个秋天过去了。

又一个秋天过去了。

许多个春秋过去了。

法布尔坟地上的草，老了又青青了又老。

在圣·莱翁·法布尔的出生地，那座小小的院子里，站着一个老人。他身子斜倚在一个树桩上，穿着一件旧大衣，口袋里鼓鼓囊囊地装着标本匣子，头上戴着宽边毡帽，一只手拿着放大镜，一双眼睛通过镜片盯住一只昆虫。一张饱经沧桑、和蔼仁慈又有活力的脸，嘴角上有一种不易描绘的辛酸的褶纹。——多么逼真的雕塑啊！

院子里的蜜蜂、蝴蝶围绕着老人飞来飞去，有的落在老人的手上，有的落在老人的帽子上，恋恋不舍，不愿离去。

它们是在怀念自己的朋友，它们是在安慰这老人的灵魂，它们是在歌唱他不朽的生命；它们也在感谢高明的雕塑艺术家，给它们留下了它们永远怀恋的法布尔老人的形象。

而此时，阿维尼翁的法布尔学院校园里，学生们也许正三三两两，在校园的小径上散步，也许正在观察校园里的植物和昆虫，也许正在阅览室里，阅读着一部不朽的巨著——《昆虫记》。

世界五千年科技故事丛书